biblioteca borges

coordenação editorial
davi arrigucci jr.
heloisa jahn
jorge schwartz
maria emília bender

prólogos, com um prólogo de prólogos (1975)

jorge luis borges

tradução josely vianna baptista

copyright © 1998 by maría kodama
todos os direitos reservados

Grafia atualizada segundo o Acordo Ortográfico da Língua Portuguesa
de 1990, que entrou em vigor no Brasil em 2009.

título original
prólogos, con un prólogo de prólogos (1975)

capa e projeto gráfico
raul loureiro
claudia warrak

foto página 1
sara facio

preparação
otávio marques da costa

revisão
isabel jorge cury
carmen s. da costa

As traduções de passagens em latim ao longo do livro são de Francisco Ashcar.
O epigrama de Goethe, à p. 233, foi traduzido por João Azanha.

Dados Internacionais de Catalogação na Publicação (CIP)
(Câmara Brasileira do Livro, SP, Brasil)

Borges, Jorge Luis, 1899-1986.
Prólogos, com um prólogo de prólogos (1975) / Jorge Luis
Borges; tradução Josely Vianna Baptista. — São Paulo:
Companhia das Letras, 2010.

Título original: Prólogos, con un prólogo de prólogos (1975)

ISBN 978-85-359-1640-9

1. Contos argentinos I. Título.

10-02035   CDD-ar863

Índice para catálogo sistemático:
1. Contos: Literatura argentina ar863

[2010]
todos os direitos desta edição reservados à
EDITORA SCHWARCZ LTDA.
rua Bandeira Paulista 702 cj. 32
04532-002 — São Paulo — SP
telefone (11) 3707-3500
fax (11) 3707-3501
www.companhiadasletras.com.br

prólogo de prólogos 7
prosa e poesia de almafuerte 11
hilario ascasubi: *paulino lucero. aniceto el gallo. santos vega* 20
adolfo bioy casares: *a invenção de morel* 28
ray bradbury: *crônicas marcianas* 32
estanislao del campo: *fausto* 36
thomas carlyle: *sartor resartus* 42
thomas carlyle: *dos heróis*. ralph waldo emerson: *homens representativos* 44
versos de carriego 52
miguel de cervantes: *novelas exemplares* 56
wilkie collins: *a pedra lunar* 61
santiago dabove: *a morte e seu traje* 64
macedonio fernández 68
o gaucho 81
alberto gerchunoff: *retorno a dom quixote* 86
edward gibbon: *páginas de história e de autobiografia* 89
roberto godel: *nascimento do fogo* 99
carlos m. grünberg: *mester de judiaria* 102
francis bret harte: *esboços californianos* 108
pedro henríquez ureña: *obra crítica* 112

josé hernández: *martín fierro* 118
henry james: *a humilhação dos northmore* 135
franz kafka: *a metamorfose* 139
nora lange: *a rua da tarde* 144
lewis carroll: *obras completas* 147
o matreiro 152
herman melville: *bartleby* 157
francisco de quevedo: *prosa e verso* 161
attilio rossi: *buenos aires a nanquim* 172
domingo f. sarmiento: *lembranças de província* 175
domingo f. sarmiento: *facundo* 182
marcel schwob: *a cruzada das crianças* 190
william shakespeare: *macbeth* 193
william shand: *ferment* 201
olaf stapledon: *fazedor de estrelas* 205
emanuel swedenborg: *mystical works* 208
paul valéry: *o cemitério marinho* 222
maría esther vázquez: *os nomes da morte* 228
walt whitman: *folhas da relva* 232

prólogo de prólogos

Creio desnecessário esclarecer que Prólogo de Prólogos não é uma locução hebraica superlativa, à maneira do Cântico dos Cânticos (assim escreve Luis de León), Noite das Noites ou Rei dos Reis. Trata-se, simplesmente, de uma página para anteceder os dispersos prólogos selecionados por Torres Agüero Editor, cujas datas oscilam entre 1923 e 1974. Uma espécie de prólogo, digamos, elevado à segunda potência.

Por volta de 1926, incorri em um livro de ensaios, cujo nome não quero lembrar, que Valery Larbaud, talvez para agradar a nosso amigo comum Güiraldes, louvou pela variedade de seus temas, julgando-a própria de um autor sul-americano. O fato tem suas raízes históricas. No Congresso de Tucumán, resolvemos deixar de ser espanhóis; nosso dever era fundar, como os Estados Unidos, uma tradição que fosse diferente. Procurá-la no mesmo país do qual nos havíamos desligado teria sido um evidente contrassenso; procurá-la em uma imaginária cultura indígena teria sido tão impossível quanto absurdo. Optamos, fatalmente, pela Europa e, em particular, pela França (o próprio Poe, que era americano, chegou-nos por intermédio de Baudelaire e de Mallarmé). Além do sangue e da linguagem, que também são tradições, a França influiu sobre nós mais do que qualquer outra nação. O simbolismo, cujas duas capitais, segundo Max Henríquez Ureña, foram México e Buenos Aires, renovou as diversas literaturas cujo instrumento comum é o espanhol e é inconcebível sem Hugo e Verlaine. Depois cruzaria o oceano e inspiraria na Espanha ilustres poetas. Quando eu era menino, ignorar o francês era ser quase analfabeto. Com o correr dos anos, passamos do francês ao inglês e do inglês à ignorância, sem excluir a do próprio castelhano.

Ao revisar este volume, descubro nele a hospitalidade daquele outro, hoje tão razoavelmente esquecido. A fumaça e o fogo de Carlyle, pai do nazismo, as narrativas de um Cervantes que ainda não terminara de sonhar o segundo Quixote, o mito genial de Facundo, a vasta voz continental de Walt Whitman, os gratos artifícios de Valéry, o xadrez onírico de Lewis Carroll, as eleáticas postergações de Kafka, os concretos céus de Swedenborg, o som e a fúria de Macbeth, a sorridente mística de Macedonio Fernández e a desesperada mística de Almafuerte encontram aqui seu eco. Reli e vigiei os textos, mas o homem de ontem não é o homem de hoje, e permiti-me pós-escritos, que confirmam ou refutam o precedente.

Que eu saiba, ninguém formulou até agora uma teoria do prólogo. A omissão não nos deve afligir, já que todos sabemos do que se trata. O prólogo, na triste maioria dos casos, confina com a oratória de sobremesa ou com os panegíricos fúnebres e é pródigo em hipérboles irresponsáveis, que a leitura incrédula aceita como convenções do gênero. Há outros exemplos — recordemos o memorável estudo que Wordsworth prefixou à segunda edição de suas *Lyrical Ballads* — que enunciam e defendem uma estética. O prefácio comovido e lacônico dos ensaios de Montaigne não é a página menos admirável de seu livro admirável. O de muitas obras que o tempo não quis esquecer é parte inseparável do texto. Em *As mil e uma noites* — ou, como quer Burton, em *O livro das mil noites e uma noite* —, a fábula inicial do rei que faz decapitar sua rainha toda manhã não é menos prodigiosa que as seguintes; o desfile dos peregrinos que irão narrar, em sua cavalgada piedosa, os heterogêneos *Contos de Canterbury* foi considerado por muitos o relato mais vívido do volume. Nos palcos elisabetanos, o prólogo era o ator que proclamava o tema do drama. Não sei se é lícito mencionar as invocações rituais da epopeia: o *Arma virumque cano*, que Camões repetiu com tanta felicidade:

As Armas e os Barões assinalados...

O prólogo, quando os astros são favoráveis, não é uma forma subalterna do brinde; é uma espécie lateral da crítica. Não sei que julgamento favorável ou adverso merecerão os meus, que abarcam tantas opiniões e tantos anos.

A revisão destas páginas esquecidas sugeriu-me o plano de outro livro, mais original e melhor, que ofereço aos que desejarem executá-lo. Penso que exige mãos mais destras e uma tenacidade que já me abandonou. Carlyle, pelos anos de mil oitocentos e trinta e tantos, simulou, em seu *Sartor Resartus*, que certo professor alemão tinha dado à estampa um douto volume sobre a filosofia da roupa, e traduziu-o parcialmente e o comentou, não sem algum reparo. O livro que estou entrevendo é de índole análoga. Constaria de uma série de prólogos de livros que não existem. Seria pródigo em citações exemplares dessas obras possíveis. Há argumentos que se prestam menos à escrita laboriosa que aos ócios da imaginação ou ao indulgente diálogo; tais argumentos seriam a impalpável substância dessas páginas, que não serão escritas. Prologaríamos, talvez, um Quixote ou Quijano que nunca sabe se é um pobre sujeito que sonha ser um paladino cercado de feiticeiros ou um paladino cercado de feiticeiros que sonha ser um pobre sujeito. Seria conveniente, por certo, eludir a paródia e a sátira; as tramas deveriam ser daquelas que nossa mente aceita e almeja.

J. L. B.
Buenos Aires, 26 de novembro de 1974

prosa e poesia de almafuerte

Há pouco mais de meio século, um jovem entrerriano, que vinha todos os domingos a nossa casa, recitou-nos no escritório, sob os azulados globos de gás, uma tirada talvez interminável e certamente incompreensível de versos. Aquele amigo de meus pais era poeta, e o tema que costumava favorecer era a gente pobre do bairro, mas o poema que nos deu nessa noite não era obra sua e, de certo modo, parecia abarcar o universo inteiro. Não me surpreenderia que as circunstâncias que enumerei fossem errôneas; o domingo talvez fosse um sábado, e a luz elétrica talvez já houvesse sucedido ao gás. Do que tenho certeza é da brusca revelação que esses versos me depararam. Até essa noite, para mim a linguagem não passara de um meio de comunicação, de um mecanismo cotidiano de signos; os versos de Almafuerte que Evaristo Carriego nos recitou revelaram-me que podia ser também música, paixão e sonho. Housman escreveu que a poesia é algo que sentimos fisicamente, com a carne e o sangue; devo a Almafuerte minha primeira experiência dessa curiosa febre mágica. Outros poetas e outras línguas obscureceram-no ou o esfumaram, depois; Hugo foi apagado por Whitman, e

Liliencron, por Yeats, mas lembrei-me de Almafuerte às margens do Guadalquivir e do Ródano.

Os defeitos de Almafuerte são evidentes e confinam em qualquer momento com a paródia; do que não podemos duvidar é de sua inexplicável força poética. Esse paradoxo ou problema de uma íntima virtude que abre caminho através de uma forma às vezes vulgar sempre me interessou; entre as obras que não escrevi nem escreverei, mas que de algum modo, ainda que ilusório ou ideal, justificam-me, há uma que caberia intitular *Teoria de Almafuerte*. Rascunhos de caligrafia pretérita provam que esse livro hipotético visita-me desde 1932. Consta, digamos, de umas cem páginas in-oitavo; imaginá-lo com mais é inflá-lo indevidamente. Ninguém deve lamentar-se por ele não existir, ou por existir apenas no mundo imóvel e estranho que formam os objetos possíveis; o resumo que agora traçarei pode equivaler à lembrança que deixa, no decorrer dos anos, um livro extenso. Além disso, convém-lhe singularmente sua condição de livro não escrito; o tema examinado é menos a letra que o espírito de um autor, menos a notação que a conotação de uma obra. A teoria geral de Almafuerte é precedida de uma conjetura particular sobre Pedro Bonifacio Palacios. A teoria (apresso-me a afirmar) pode prescindir da conjetura.

Corre que Palacios, ao longo de sua longa vida, foi um homem casto. O amor e a felicidade comum dos homens parecem ter suscitado nele uma espécie de horror sagrado, que assumia a forma do desdém ou da severa reprovação. Sobre esse ponto, o leitor pode interrogar a obra polêmica de Bonastre (*Almafuerte*, 1920) e a refutação (*Almafuerte y Zoilo*, 1920) ensaiada por Antonio Herrero. Além disso, o testemunho pessoal de Almafuerte é mais válido que qualquer discussão; vamos reler as décimas finais do primeiro poema que redigiu, intitulado "En el abismo":

Yo soy de tal condición
que me habrás de maldecir,
porque tendrás que vivir
en eterna humillación.
Soy el alma, la visión,
el hermano de Luzbel,
que imponente como él,
como él blasfema y grita.
¡Sobre mi testa gravita
la maldición del laurel!
Yo soy un palmar plantado
sobre cal y pedregullo:
la floración del orgullo,
del orgullo sublimado.
Soy un esporo lanzado
tras la procesión astral;
vil chorlo del pajonal
que al par del águila vuela...
¡Sombra de sombra que anhela
ser una sombra inmortal!
Yo, cada vez que me río,
pienso que ríe algún otro,
y cual si domase un potro
no me trato como a mío.
Soy la expresión del vacío,
de lo infecundo y lo yerto,
como ese polvo desierto
donde toda hierba muere...

¡Yo soy un muerto que quiere
que no lo tengan por muerto!*

Muito mais importante que o infortúnio que as estrofes anteriores declaram é a aceitação valorosa desse infortúnio. Outros — Boileau, Kropotkin, Swift — conheceram aquela solidão que cercou Palacios; ninguém concebeu como ele uma doutrina geral da frustração, uma vindicação e uma mística. Assinalei a solidão central de Almafuerte; este conseguiu impor-se a certeza de que o fracasso não era um estigma seu, mas o destino substancial e final de todos os homens. Assim deixou escrito: "A felicidade humana não entrou nos desígnios de Deus", e "Não peças mais que justiça, mas o melhor é que não peças nada", e "Despreze tudo, porque tudo tem consciência de sua condição desprezível".[1] O puro pessimismo de Almafuerte ultrapassa os limites do

---

* Eu sou de tal condição/ que me hás de maldizer,/ porque terás de viver/ em eterna humilhação./ Sou a alma, a visão,/ de Lúcifer o irmão,/ que, a sua imponência fiel,/ como ele, blasfema e grita./ Sobre minha testa gravita/ a maldição do laurel!/ Sou um palmeiral plantado/ sobre cal e pedregulho:/ a floração do orgulho,/ do orgulho sublimado./ Sou um esporo lançado/ após o cortejo astral;/ vil tetéu do restolhal/ que junto da águia voeja.../ Sombra de sombra que almeja/ ser uma sombra imortal!/ Eu, cada vez que sorrio,/ penso que ri algum outro,/ e, qual se domasse um potro,/ a mim mesmo sou arredio./ Sou a expressão do vazio,/ do estéril e hirsuto horto,/ feito aquele pó deserto/ onde a relva seca ao certo.../ Eu sou um defunto afoito/ pra que não o tomem por morto!

[Ao longo do livro, as notas de tradução e edição são chamadas por asterisco; as notas do autor são numeradas.]

1 De modo semelhante, Blake havia escrito: "Como o ar para o pássaro ou o mar para o peixe, assim é o desprezo para o desprezível". *Marriage of Heaven and Hell*, 1793.

Eclesiastes e de Marco Aurélio; estes vilipendiam o mundo, mas louvam e admiram o homem justo; aquele que se identifica com Deus. Não é assim com Almafuerte, para quem a virtude é um acaso das forças universais.

> *Yo repudié al feliz, al potentado,*
> *al honesto, al armónico y al fuerte...*
> *¡Porque pensé que les tocó la suerte,*
> *como a cualquier tahúr afortunado!**

diz-nos "El misionero".

Spinoza condenou o arrependimento, por julgá-lo uma forma da tristeza; Almafuerte, o perdão. Condenou-o pelo que há nele de pedantismo, de condescendência altaneira, de temerário Juízo Final exercido por um homem sobre outro:

> *Cuando el Hijo de Dios, el Inefable,*
> *perdonó desde el Gólgota al perverso...*
> *¡Puso, sobre la faz del Universo,*
> *la más horrible injuria imaginable!***

Mais explícitos ainda são estes dois versos:

---

* Repudiei o feliz, o potentado,/ o honesto, o harmônico e o forte.../ Porque pensei que lhes coube a sorte,/ como a qualquer taful afortunado!
** Quando o Filho de Deus, o Inefável,/ deu seu perdão no Gólgota ao perverso.../ Lançou, sobre a face do Universo,/ a mais horrível injúria imaginável!

> ...*No soy el Cristo-Dios, que te perdona.*
> *¡Soy un Cristo mejor: soy el que te ama!**

Almafuerte, para compadecer inteiramente, gostaria de ter sido tão obscuro quanto o cego, tão inútil quanto o aleijado e — por que não? — tão infame quanto o infame. Já dissemos que ele sentiu que a frustração é a meta final de todo destino; quanto mais abatido um homem, mais elevado; quanto mais humilhado, mais admirável; quanto pior, mais parecido com este universo, que certamente não é moral. Assim, pôde escrever com sinceridade:

> *Yo veneré, genial de servilismo,*
> *en aquel que por fin cayó del todo,*
> *la cruz irredimible de su lodo,*
> *la noche inalumbreble de su abismo.***

Em outro lugar do mesmo poema, diz do assassino:

> *¿Dónde oculta sus pálpitos de lobo?*
> *¿Dónde esgrime su trágica energía?*
> *¡Para ponerme yo como vigía*
> *mientras urde su crimen y su robo!****

---

* ...Não sou o Cristo-Deus, que te perdoa./ Sou um Cristo melhor: sou o que te ama!
** Eu venerei, genial de servilismo,/ naquele que por fim caiu de todo,/ a cruz irredimível de seu lodo,/ a noite inalumbrável de seu abismo.
*** Onde oculta seus instintos de lobo?/ Onde esgrime sua trágica energia?/ Para me colocar como vigia/ enquanto urde seu crime e seu roubo!

Do poema "Dios te salve!", que esboça ou prefigura a mesma ideia, transcreverei apenas os versos finais:

Al que sufre noche y día
y en la noche hasta durmiendo —
la noción de sus miserias,
la gran cruz de su pasión:
yo le agacho mi cabeza, yo le doblo mis rodillas,
yo le beso las dos plantas, yo le digo: ¡Dios te salve!
¡Cristo negro, santo hediondo, Job por dentro,
vaso infame del Dolor!*

Almafuerte deve ter vivido em uma época adversa. No início da era cristã, na Ásia Menor ou em Alexandria, teria sido um heresiarca, um sonhador de arcanas redenções e um tecedor de fórmulas mágicas; em plena barbárie, um profeta de pastores e de guerreiros, um Antônio Conselheiro,[2] um Maomé; em plena civilização, um Butler ou um Nietzsche. O destino deparou-lhe os subúrbios da província de Buenos Aires; reduziu-o aos anos de 1854-1917; cercou-o de terra, de pó, de be-

---

* Ao que sofre noite e dia/ — e, de noite, até dormindo —/ a noção de suas misérias,/ a grande cruz da paixão:/ eu lhe abaixo minha cabeça, eu lhe dobro meus joelhos,/ eu lhe beijo os dois pés, eu lhe digo: Deus te salve!/ Cristo negro, santo hediondo, Jó por dentro,/ cálice infame da Dor!

[2] Euclides da Cunha (*Os sertões*, 1902) narra que para Conselheiro, profeta dos "sertanejos" do Norte, a virtude "era um reflexo superior da vaidade, uma quase impiedade". Almafuerte teria compartilhado esse parecer. Na véspera de uma desesperada batalha, T. E. Lawrence (*Seven Pillars of Wisdom*, LXXIV) pregou à tribo dos seraim uma vindicação da derrota e do fracasso, idêntica à premeditada por Almafuerte.

cos, de ranchos de madeira, de comitês, de *compadritos* nem sequer iletrados. Leu muito pouco e também leu demais; frequentou os versículos da Escritura segundo Cipriano de Valera, mas também os debates parlamentares e os editoriais. Na América do Sul, naquele tempo, não se viam outras possibilidades além do catecismo, com sua divindade que é una e é três e com sua hierarquia eclesiástica, e o negro labirinto de cegos átomos que, ao longo da eternidade, combinam-se, conforme ensinavam Büchner e Spencer. Almafuerte optou pelo último; foi um místico sem Deus e sem esperança. Desprezou, como diz Bernard Shaw, o suborno do céu; acreditava honradamente que a felicidade não é desejável. Seu pensamento espreita nos desvãos de sua obra; por exemplo, nesta evangélica: "O estado perfeito do homem é um estado de ansiedade, de almejo, de tristeza infinita".

Federico de Onís (*Antología de la poesía española e hispanoamericana*, 1934) repetiu que o ideário de Almafuerte é vulgar. Este prólogo quer demonstrar o contrário. Mais de um escritor argentino rege uma retórica não menos esplêndida que a sua, e muito mais lúcida e constante; nenhum é tão complexo, intelectualmente; nenhum renovou, como ele, os temas da ética.

O poeta argentino é um artesão ou, se preferirmos, um artífice; seu trabalho corresponde a uma decisão, não à necessidade. Almafuerte, ao contrário, é orgânico, como o foi Sarmiento, como muito poucas vezes o foi Lugones. Suas fealdades estão à luz do dia, mas salvam-no o fervor e a convicção.

Como todo grande poeta instintivo, deixou-nos os piores versos que se podem imaginar, mas também, algumas vezes, os melhores.

Prosa y poesía de Almafuerte. Seleção e prólogo de J. L. B. Buenos Aires: Eudeba, Serie del Siglo y Medio, 1962.

hilario ascasubi

*paulino lucero. aniceto el gallo.
santos vega*

Ascasubi e a pátria cresceram juntos. Couberam-lhe por sorte aqueles anos do princípio e do caos, não muito distantes no tempo, e agora quase inconcebíveis, em que o homem compartilhava a terra com a antiga solidão e com o gado bravio, e que nos deixam uma sensação de multiplicidade e de vertigem, já que naquele desmantelado cenário cada um tinha de ser muitos. Conta-se que na posta de Fraile Muerto (hoje chamada Bell Ville) sua mãe o deu à luz sob uma carroça, em certa madrugada do verão de 1807; para além da mera verdade histórica, o fato possui uma verdade legendária. Em Buenos Aires, Ascasubi cursou suas primeiras letras, que depois a leitura casual iria enriquecendo. Em 1819, engajou-se como grumete no primeiro navio mercante de nosso país, *La Rosa Argentina*, que zarpava para a Guiana Francesa. Regressou em 22, depois de ter percorrido o Sul dos Estados Unidos e a Califórnia. Em Salta, onde colaborou no governo de Arenales, montou a tipografia que havia sido dos Niños Expósitos e fundou com José Arenales a *Revista de Salta*. Depois de algumas andanças pela Bolívia, voltou a Buenos Aires e militou na campanha do Brasil. Serviu sob o comando de

Paz e também de Soler, de quem conta, em um de seus diálogos gauchescos, um curioso episódio. Filiado ao partido unitário, lutou nas fileiras de Lavalle com o grau de capitão e foi feito prisioneiro, em 1832, pelas forças de Rosas. Em 1834, conseguiu escapar de um pontão próximo do Retiro e fugiu para Montevidéu. Oribe, lugar-tenente do ditador, sitiava essa praça; Ascasubi, durante os muitos anos do cerco, escreveu para a guitarra dos soldados os *Trobos de Paulino Lucero*, em que se cifra o mais vívido e firme de seu labor poético. Destinou os ganhos de uma padaria aberta por ele a armar e tripular um barco para a segunda expedição de Lavalle. Em 1852, o longo sítio de Montevidéu chegou ao fim; travada a batalha de Caseros, Ascasubi tomou o partido de Buenos Aires e atacou Urquiza, sob o hoje famoso pseudônimo de Aniceto el Gallo. Nessa época, empregou seus recursos na construção do primitivo Teatro Colón, cujo incêndio causou sua ruína. Teve de recorrer a sua pensão de militar reformado, que lhe foi concedida amplamente; Rufino de Elizalde, o fiscal, declarou em seu parecer: "Quando alcançou boas condições de fortuna, pediu seu desligamento do serviço para não onerar o Estado, dando a instituições públicas os soldos que lhe eram devidos". O governo de Mitre mandou-o à Europa, em 1860, para recrutar soldados. Em Paris começou e terminou a composição de sua obra mais famosa e mais lânguida, o quase inextricável romance de *Santos Vega*, que mal consegue resgatar algumas memoráveis evocações da alvorada e dos índios. É evidente que seu gênio necessitava de estímulos imediatos; suas melhores obras foram circunstanciais, e muito pouco, ou nada, concederam-lhe o tempo e a nostalgia. Uma antologia pode dar melhor sua medida que os três volumes exaustivos que acumulou em Paris, com menor rigor que complacência. Ascasubi faleceu em Buenos Aires no final de 1875.

Se José Hernández tivesse morrido antes de 1872 — ano durante o qual, segundo suas palavras, a redação de *Martín Fierro* ajudou-o "a afastar o tédio da vida do Hotel" —, Ascasubi seria o arquétipo do poeta gauchesco. A sombra tutelar e antiga de Hidalgo e as variantes filiais de Estanislao del Campo não fariam outra coisa senão confirmar essa primazia. Os fatos não se deram assim; Ascasubi foi sacrificado pelos historiadores da literatura e (o que, sem dúvida, é mais grave) pelo esquecimento dos argentinos, para maior glória de Hernández. Hoje é apenas uma risonha e apagada lembrança ou uma apressada ficha que se percorre na véspera de um exame. Um dos propósitos deste livro é evidenciar que o sabor de sua obra nada tem em comum, além de algumas coincidências de tema ou de linguagem, com o da obra de Hernández. Correspondem a épocas diversas do processo argentino: Hilário Ascasubi mostra-nos "os *gauchos* do rio da Prata, cantando e combatendo contra os tiranos das repúblicas Argentina e Oriental do Uruguai"; Hernández, o caso pessoal de um conterrâneo que as vicissitudes levam à fronteira e depois ao deserto. Quanto mais afim é a matéria que tratam, tanto mais visível é a oposição que separa os dois. Hernández conta:

> *Marcha el indio a trote largo,*
> *paso que rinde y que dura;*
> *viene em dirección sigura*
> *y jamás a su capricho —*

No se les escapa vicho
en la noche más escura.

Caminan entre tinieblas
con un cerco bien formao;
lo estrechan con gran cuidao
y agarran al aclarar
ñanduces, gamas, venaos —
cuanto han podido dentrar.

Su señal es un humito
que se eleva muy arriba —
y no hay quien no lo aperciba
con esa vista que tienen;
de todas partes se vienen
a engrosar la comitiva. —

Ansina se van juntando,
hasta hacer esas reuniones
que cain en las invasiones
en número tan crecido —
para formarla han salido
*de los última rincones.**

---

* Marcha o índio a trote largo,/ passo que rende e que dura;/ vem em direção segura/ e jamais a seu capricho —/ Não lhes escapa um só bicho/ nem na noite mais escura.// Caminham em meio às trevas/ com um cerco bem formado;/ estreitam-no com cuidado/ e capturam ao clarear/ nhandus, gamas e veados —/ tudo que deu pra adentrar.// Seu sinal é fumacinha/ que sobe, bem lá em cima —/ não há quem não a perceba/ com essa vista que têm;/ de todo canto eles vêm/ engrossar a comitiva. —// Assim vão se ajuntando/ pra fazer as reuniões/ que caem nas invasões/ em número tão crescido —/ pra formá-la têm saído/ lá dos últimos rincões.

Escutemos (e vejamos) agora a versão de Ascasubi:

Pero al invadir la indiada
se siente, porque a la fija
del campo la sabandija
juye adelante asustada,
y envueltos en la mangueada
vienen perros cimarrones,
zorros, avestruces, liones,
gamas, liebres y venaos,
y cruzan atribulaos
por entre las poblaciones.

Entonces los ovejeros
coliando bravos torean
y también revolotean
gritando los teruteros;
pero, eso sí, los primeros
que annuncian la novedá
con toda seguridá
cuando los indios avanzan,
son los chajasses que lanzan
volando: ¡chajá! ¡chajá!

Y atrás de esas madrigueras
que los salvajes espantan
campo ajuera se levantan,
como nubes, polvaderas
preñadas todas enteras
de pampas desmelenaos
que al trote largo apuraos

sobre sus potros tendidos
cargan pegando alaridos
y en media luna formaos.*

Ensaiemos outro cotejo. Hernández enumera os traços essenciais da manhã:

Y apenas la madrugada
empezaba a colorir
los pájaros a cantar
y las gallinas a apiarse,
era cosa de largarse
cada cual a trabajar.**

Ascasubi, quase com as mesmas palavras, segue o lento processo da luz:

Venía clariando el cielo
la luz de la madrugada
y las gallinas al vuelo

---

* Mas quando vem a indiada/ dá pra sentir, pois na raia/ do campo corre a alimária/ escapando assustada,/ e cercados na malhada/ vêm os cachorros-do-mato,/ raposas, emas, leões,/ gamas, lebres e veados/ cruzando atribulados/ por entre as povoações.// E então os ovelheiros/ coleando bravos toureiam/ e também revoluteiam/ gritando os tero-teros;/ mas, é claro, os primeiros/ que anunciam a agitação/ com inteira precisão/ quando os puelches avançam/ são os taãs, que então lançam/ voando: taã! taã!// E atrás das madrigueiras/ que os selvagens espantam,/ campo afora se levantam,/ como nuvens, as poeiras/ grávidas, todas inteiras,/ de puelches descabelados/ que, em trote largo apressados,/ sobre os potros estendidos/ investem soltando gritos/ e em meia-lua formados.

** E assim que a madrugada/ começava a colorear,/ os pássaros a cantar/ e as galinhas a apear,/ era coisa de largar-se/ cada qual a trabalhar.

*se dejaban cair al suelo
de encima de la enramada.**

Tampouco falta o brutal em sua obra. Se a literatura argentina encerra uma página que pode equiparar-se com "El matadero", de Esteban Echeverría, essa página é "La refalosa", de Ascasubi, embora a primeira tenha um poder alucinatório que falta à outra, cujo íntimo caráter é uma espécie de inocente e grosseira ferocidade. O âmbito da poesia de Ascasubi define-se pela felicidade e coragem e pela convicção de que uma batalha pode ser também uma festa. O poeta Detlev von Liliencron disse que, mesmo no céu, gostaria algum dia de participar de uma campanha; Ascasubi teria compreendido esse sentimento, que responde aos bélicos paraísos das mitologias do Norte. Ouçamos este brinde a um militar do partido colorado:

*Mi coronel Marcelino
valeroso guerrillero,
oriental pecho de acero
y corazón diamantino:
todo invasor asesino,
todo traidor detestable,
y el rosín más indomable
rinde su vida ominosa,
donde se presenta Sosa,
¡y a los filos de su sable!***

* Vinha o céu iluminando/ o clarão da madrugada/ e as galinhas voando/ deixavam-se vir ao chão/ de cima da galharada.
** Meu coronel Marcelino,/ guerrilheiro arrojado/ do Uruguai, peito acerado/ e coração diamantino:/ todo invasor assassino,/ todo traidor

Brilho de baralho novo ou moeda nova continuam tendo, ao fim de um século, os versos de Ascasubi, não desgastados ou embaçados pela usura do tempo. Seus defeitos são os do improvisador, que está à mercê de um deus misterioso e que pode passar a qualquer momento da acesa inspiração à negligência ou à trivialidade. Como todo poeta, Ascasubi tem direito de ser julgado por seus melhores versos. Atrás do mais ilustre e do mais humilde está aquele grande amor à pátria que o levou a arriscar a vida, simples e alegremente, nessa pânica alvorada de espadas e também de punhais.

HILARIO ASCASUBI, *Paulino Lucero. Aniceto el Gallo. Santos Vega.* Seleção e prólogo de J. L. B. Buenos Aires: Eudeba, Serie del Siglo y Medio, 1960.

---

detestável,/ e o rocim mais indomável/ rende sua vida ominosa,/ onde se apresenta Sosa,/ e aos fios de seu sabre!

adolfo bioy casares

a invenção de morel

Stevenson, por volta de 1882, anotou que os leitores britânicos desdenhavam um pouco as peripécias, opinando que era muito hábil redigir um romance sem argumento, ou de argumento infinitesimal, atrofiado. José Ortega y Gasset — *La deshumanización del arte*, 1925 — tenta defender o desdém anotado por Stevenson e estatui, na página 96, que "é muito difícil hoje inventar uma aventura capaz de interessar nossa sensibilidade superior", e, na 97, que essa invenção "é praticamente impossível". Em outras páginas, em quase todas as outras páginas, advoga o romance "psicológico" e opina que o prazer das aventuras é inexistente ou pueril. Esse é, sem dúvida, o comum parecer de 1882, de 1925 e mesmo de 1940. Alguns escritores (entre os quais aprecio contar Adolfo Bioy Casares) pensam ser razoável dissentir. Resumirei, aqui, os motivos dessa dissensão.

O primeiro (cujo ar de paradoxo não quero destacar nem atenuar) é o intrínseco rigor do romance de peripécias. O romance característico, "psicológico", tende a ser informe. Os russos e os discípulos dos russos demonstraram até o fastio que ninguém é impossível: suicidas por felicidade, assassinos por benevolência; pessoas que se adoram a ponto de separar-se para sempre, delatores por fervor ou por humildade... Essa liberdade plena acaba por equivaler à plena desordem. Por outro lado, o romance "psicológico" quer ser também romance "realista": prefere que esqueçamos seu caráter de artifício verbal e faz de toda inútil precisão (ou de toda lânguida vagueza) um novo traço verossímil. Há páginas, há capítulos de Marcel Proust que são inaceitáveis como invenções: a eles, sem saber, resignamo-nos como ao insípido e ao ocioso de cada dia. O romance de aventuras, por sua vez, não se propõe como transcrição da realidade: é um objeto artificial que não sofre nenhuma parte injustificada. O temor de incorrer na mera variedade sucessiva do *Asno de ouro*, do *Quixote* ou das sete viagens de Simbad impõe-lhe um rigoroso argumento.

Aleguei um motivo de ordem intelectual; há outros, de caráter empírico. Todos tristemente murmuram que nosso século não é capaz de tecer tramas interessantes; ninguém se atreve a comprovar que, se este século tem alguma primazia sobre os anteriores, essa primazia é a das tramas. Stevenson é mais apaixonado, mais diverso, mais lúcido, talvez mais digno de nossa absoluta amizade do que Chesterton; mas os argumentos que governa são inferiores. De Quincey, em noites de minucioso terror, mergulhou no coração de labirintos, mas não amoedou sua impressão de *unutterable and self-repeating infinities* em fábulas comparáveis às de Kafka. Anota com justiça Ortega y Gasset que a "psicologia" de Balzac não nos satisfaz; cabe observar o mesmo de seus argumentos. Shakespeare e Cervantes apreciam a antinômica ideia da moça que, sem diminuição da formosura, consegue passar por homem; esse motivo já não funciona. Acredito-me livre de toda superstição de modernidade, de qualquer ilusão de que ontem difere intimamente de hoje ou diferirá de amanhã; considero, no entanto, que nenhuma outra época possui romances de tão admirável argumento como *The Turn of the Screw*, como *Der Prozess*, como *Le Voyageur sur la Terre*, como este que alcançou, em Buenos Aires, Adolfo Bioy Casares.

As ficções de índole policial — outro gênero típico deste século que não pode inventar argumentos — narram fatos misteriosos depois justificados e ilustrados por um fato lógico; Adolfo Bioy Casares, nestas páginas, resolve com felicidade um problema talvez mais difícil. Desenrola uma odisseia de prodígios que não parecem admitir outra chave senão a alucinação ou o símbolo, e decifra-os plenamente, mediante um único postulado fantástico, mas não sobrenatural. O temor de incorrer em prematuras ou parciais revelações proíbe-me o exame do argumento e das muitas delicadas sabedorias da execução. Baste-me declarar que Bioy renova literariamente um conceito que Santo Agostinho e Orígenes refutaram, que Louis Auguste Blanqui defendeu e que disse, com música memorável, Dante Gabriel Rossetti:

> *I have been here before,*
> *But when or how I cannot tell:*
> *I know the grass beyond the door,*
> *The sweet keen smell,*
> *The sighing sound, the lights around the shore...*

Em espanhol, são infrequentes e mesmo raríssimas as obras de imaginação raciocinada. Os clássicos exerceram a alegoria, os exageros da sátira e, vez por outra, a mera incoerência verbal; de datas recentes, não recordo senão algum conto de *Las fuerzas extrañas* e algum de Santiago Dabove: injustamente esquecido. *A invenção de Morel* (cujo título alude filialmente a outro inventor islenho, Moreau) traslada a nossas terras e a nosso idioma um gênero novo.

Discuti com seu autor os pormenores de sua trama; reli-a; não me parece imprecisão ou hipérbole qualificá-la de perfeita.

ADOLFO BIOY CASARES, *La invención de Morel*. Prólogo de J. L. B. Buenos Aires: Editorial Losada, 1940; Emecé Editores, 1953.

ray bradbury
crônicas marcianas

No segundo século de nossa era, Luciano de Samósata compôs uma *História verídica*, que encerra, entre outras maravilhas, uma descrição dos selenitas, os quais (segundo o verídico historiador) fiam e cardam os metais e o vidro, tiram e põem os olhos, bebem sumo de ar ou ar espremido; em princípios do século XVI, Ludovico Ariosto imaginou que um paladino descobre na Lua tudo o que se perde na Terra, as lágrimas e suspiros dos amantes, o tempo desperdiçado no jogo, os projetos inúteis e os anseios insatisfeitos; no século XVII, Kepler redigiu um *Somnium Astronomicum*, que finge ser a transcrição de um livro lido em um sonho, cujas páginas prolixamente revelam a conformação e os hábitos das serpentes da Lua, que durante os ardores do dia abrigam-se em profundas cavernas, saindo ao entardecer. Entre a primeira e a segunda dessas viagens imaginárias há 1300 anos, e entre a segunda e a terceira, uns cem; as duas primeiras são, não obstante, invenções irresponsáveis e livres, e a terceira parece entorpecida por um afã de verossimilhança. A razão é clara. Para Luciano e para Ariosto, uma viagem à Lua era símbolo ou arquétipo do impossível, como os cisnes de plumagem negra para o latino;

para Kepler, já era uma possibilidade, como para nós. Pois não foi nessa época que publicou John Wilkins, inventor de uma língua universal, seu *Descobrimento de um Mundo na Lua, discurso tendente a demonstrar que pode haver outro Mundo habitável naquele Planeta*, com um apêndice intitulado "Discurso sobre a possibilidade de uma travessia"? Nas *Noites áticas* de Aulo Gélio lê-se que Arquitas, o pitagórico, fabricou uma pomba de madeira que andava pelo ar; Wilkins prediz que um veículo de mecanismo análogo ou parecido nos levará, algum dia, à Lua.

Por seu caráter de antecipação de um futuro possível ou provável, o *Somnium Astronomicum* prefigura, se não me engano, o novo gênero narrativo que os americanos do Norte denominam *science-fiction* ou *scientifiction*,[1] e do qual são admirável exemplo estas *Crônicas*. Seu tema é a conquista e colonização do planeta. Essa árdua empresa dos homens futuros parece destinada à época, mas Ray Bradbury preferiu (sem se propor, talvez, e por secreta inspiração de seu gênio) um tom elegíaco. Os marcianos, que no início do livro são espantosos, merecem sua piedade quando a aniquilação os alcança. Vencem os homens, e o autor não se alegra com sua vitória. Anuncia com tristeza e desengano a futura expansão da linhagem humana sobre o planeta vermelho — que sua profecia nos revela como um deserto de vaga areia azul, com ruínas de cidades axadrezadas e ocasos amarelos e antigos barcos para andar pela areia.

---

1 *Scientifiction* é um monstro verbal em que se amalgamam o adjetivo *scientific* e o substantivo *fiction*. Jocosamente, o idioma espanhol costuma recorrer a formações análogas; Marcelo del Mazo falou das orquestras de *gríngaros* (gringos + zíngaros), e Paul Groussac, das japonecedades que obstruíam o museu dos Goncourt.

Outros autores estampam uma data vindoura, e não acreditamos neles, porque sabemos que se trata de uma convenção literária; Bradbury escreve 2004 e sentimos a gravitação, o cansaço, a vasta e vaga acumulação do passado — o *dark backward and abysm of Time* do verso de Shakespeare. O Renascimento já observou, pela boca de Giordano Bruno e de Bacon, que os verdadeiros antigos somos nós, não os homens do Gênesis ou de Homero.

O que fez esse homem de Illinois, pergunto-me, ao fechar as páginas de seu livro, para que episódios da conquista de outro planeta povoem-me de terror e solidão?

Como podem tocar-me essas fantasias, e de modo tão íntimo? Toda literatura (atrevo-me a responder) é simbólica; há poucas experiências fundamentais, e é indiferente que um escritor, para transmiti-las, recorra ao "fantástico" ou ao "real", a Macbeth ou a Raskolnikov, à invasão da Bélgica em agosto de 1914 ou a uma invasão de Marte. O que importa o romance, ou o romanesco, da *science-fiction*? Neste livro de aparência fantasmagórica, Bradbury colocou seus longos domingos vazios, seu tédio americano, sua solidão, como fez Sinclair Lewis em *Main Street*.

Talvez "A terceira expedição" seja a história mais alarmante deste volume. Seu horror (suponho) é metafísico; a incerteza sobre a identidade dos hóspedes do capitão John Black insinua incomodamente que tampouco sabemos quem somos nem como é, para Deus, nossa face. Quero, ainda, destacar o episódio intitulado "O marciano", que encerra uma patética variante do mito de Proteu.

Por volta de 1909, li, com fascinada angústia, no crepúsculo de uma casa grande que já não existe, *Os primeiros homens na Lua*, de Wells. Em virtude destas

Crônicas, de concepção e execução muito diversa, foi-me dado reviver, nos últimos dias do outono de 1954, aqueles deleitáveis terrores.

RAY BRADBURY, *Crônicas marcianas.* Prólogo de J. L. B. Buenos Aires: Ediciones Minotauro, 1955.

Pós-escrito de 1974

Releio com imprevista admiração os *Contos do grotesco e arabesco* (1840), de Poe, tão superiores, em conjunto, a cada um dos textos que os compõem. Bradbury é herdeiro da vasta imaginação do mestre, mas não de seu estilo interjetivo e às vezes tremebundo. Lamentavelmente, não podemos dizer o mesmo de Lovecraft.

estanislao del campo
*fausto**

Estanislao del Campo é o mais querido dos poetas argentinos. Talvez não acreditemos inteiramente em seus *gauchos* conversadores, mas todos sentimos que teria sido uma felicidade conhecer quem os inventou. Sua arte, como a dos rapsodos homéricos, poderia prescindir da escrita; continua vivendo na memória e dando alegria.

Nosso amigo nasceu no dia 7 de fevereiro de 1834 na cidade de Buenos Aires. Filho do coronel Estanislao del Campo, chefe do estado-maior do general Lavalle, era, como seu mestre Hilario Ascasubi, de boa tradição unitária. Conheceu os melancólicos anos da ditadura de Rosas e as ulteriores guerras civis, nas quais militou. Podemos vê-lo na defesa de Buenos Aires, em Cepeda, em Pavón e no combate de La Verde. Ao contrário de José Hernández, não teve necessidade de documentar-se para conhecer a vida dos fortins; ele esteve aí. Corre que vestia o uniforme de gala para entrar em batalha e que saudava a primeira bala, a mão direita no quepe. Em 1868, Adolfo

---

* Jorge Luis Borges prologou outra edição do *Fausto*: Buenos Aires, Editorial Nova, Colección Mar Dulce, 1946, mas preferiu incluir aqui somente seu prólogo à edição da Edicom. [Nota do editor argentino.]

Alsina nomeou-o oficial-maior do ministério da província; Groussac o apelidaria zombeteiramente de cantador de gabinete, como se todos os poetas gauchescos não tivessem sido homens urbanos. Em 1870, reuniu suas composições sob o título de *Poesias*; o volume ganhou prólogo de José Mármol. Nem todos os poemas compilados eram de caráter gauchesco; entre os medíocres decassílabos, alguns contra Napoleão Terceiro, *Napoléon le Petit*, há copias de sabor espanhol:

Mira: si fuera pastor
y si tú pastora fueras,
me parece que andarían
mezcladas nuestas ovejas.*

Em 1880, morreu em sua casa de Buenos Aires, na esquina agora ocupada pelo Bar Suárez, na Lavalle com a Esmeralda. José Hernández e Guido Spano falaram em seu enterro. Manuel Mujica Lainez deu-nos sua melhor biografia.

Em agosto de 1866, Estanislao del Campo assistiu a uma representação do *Fausto* de Gounod e pensou na estranheza que essa ópera causaria em um *gaucho*; nessa mesma noite compôs o primeiro manuscrito de seu poema. Este, como se sabe, registra o diálogo de dois *gauchos*; um deles, que presenciou a ópera, relata-a a seu amigo como se se tratasse de fatos reais. Lugones rejeita esse argumento: "Nem o *gaucho* teria entendido uma palavra, nem teria aguentado, sem dormir ou sem sair,

---

* Veja só: fosse eu pastor,/ e se tu pastora fosses,/ parece-me que andariam/ mescladas nossas ovelhas.

aquela música para ele atroz; não é nem mesmo concebível que passasse pela cabeça de um *gaucho* entrar por sua própria conta em um teatro lírico" (*El payador*, p. 157). A essa objeção caberia responder que toda arte, mesmo a naturalista, é convencional, e que as convenções de mais fácil aceitação são as que pertencem ao próprio plano das obras: *verbi gratia*, a "ilusão cômica" de Anastasio ou a extensa biografia rimada de Martín Fierro. Se decidimos, segundo o parecer de Coleridge, suspender nossa incredulidade, obtemos um admirável poema.

Obras que fingem defender coisas indefensáveis — *Elogio da loucura*, de Erasmo; *Sobre o assassinato considerado como uma das belas-artes*, de Thomas de Quincey; *A decadência da mentira*, de Wilde — pressupõem épocas razoáveis, épocas tão alheias à loucura, ao assassinato e à mentira que lhes diverte o fato de que alguém possa vindicar esses males. O que pensaríamos, em compensação, de épocas nas quais fosse necessário provar, com dialética rigorosa, que a água é superior à sede e que a Lua merece que todos os homens a contemplem, ao menos uma única vez antes de morrer? Vivemos nessa época; em Buenos Aires, em meados do século XX, um prólogo do *Fausto* deve, antes de mais nada, ser uma defesa do *Fausto*.

Que eu saiba, seu primeiro detrator, *et pour cause*, foi Rafael Hernández, em um livro de 1896, cujo inesperado tema é a nomenclatura das ruas de Pehuajó; Lugones, em 1916, renovou o ataque. Ambos acusam Estanislao del Campo de ignorância e falsidade. Consideram insustentável o primeiro verso da primeira estrofe. Rafael Hernández observa: "Esse parelheiro é de cor oveiro-rosado, justamente o pelo que um parelheiro jamais teve, e consegui-lo seria tão raro como encontrar um gato de três cores"; Lugones confirma: "Nenhum crioulo ginete e garboso, como o protagonista, monta em cavalo oveiro-rosado: um animal sempre depreciado, cujo destino é puxar o balde nas estâncias ou servir de montaria aos moços mandadeiros". Também foram condenados os versos

Capaz de llevar un potro
a sofrenarlo en la luna.*

Rafael Hernández observa que no potro não se põe freio, mas bocal, e que sofrear o cavalo "não é próprio de crioulo ginete, mas de gringo raivoso". Lugones confirma, ou transcreve: "Nenhum *gaucho* segura seu cavalo sofreando-o. Essa é uma crioulada falsa de gringo fanfarrão, que anda gineteando a égua de sua jardineira". (Vicente Rossi, depois, aplicou o mesmo procedimento analítico ao *Martín Fierro*, com o mesmo resultado aniquilador.)

O que decidir, ante negações tão firmes? Sei que sou indigno de terçar nessas controvérsias rurais; sou ainda mais ignorante que o reprovado Estanislao del Campo. Mal me atrevo a insinuar que, embora os ortodoxos abominem o pelo oveiro-rosado, o verso

En un overo rosao

continua — misteriosamente — me agradando. Ignoro se é obra do costume, ignoro se a palavra *rosao* difunde uma especial claridade; sei que me parece intolerável uma

---

* Capaz de levar um potro/ a sofreá-lo na lua.

variante. A décima inteira, além disso, é um tremulante e bizarro objeto verbal; inútil cotejá-la com a realidade, com outras realidades.

Passam as circunstâncias, passam os fatos, passa a erudição dos homens versados no pelo dos cavalos; o que não passa, o que talvez nos acompanhe na outra vida, é o prazer proporcionado pela contemplação da felicidade e da amizade. Esse prazer, talvez não menos raro nas letras que na realidade corporal, é (suponho) a virtude central do poema. Muitos louvaram as descrições do amanhecer, da planície, do anoitecer que o escritor intercalou em suas páginas; tenho para mim que a menção preliminar, apenas, dos bastidores cênicos já as contaminou de falsidade. O admirável é o diálogo, a clara e resplandecente amizade que deixa transparecer o diálogo.

Estanislao del Campo: dizem que em tua voz não está o *gaucho*, homem que teve um prazo no tempo e um lugar no espaço, mas sei que nela estão a amizade e a valentia, realidades que serão, que foram e que são.

ESTANISLAO DEL CAMPO, *Fausto*. Prólogo de J. L. B. Buenos Aires: Edicom S.A., 1969.

Pós-escrito de 1974

A incompreensão gauchesca do cênico não deve ter assombrado Lugones; leiamos este episódio, publicado em 1911 em *Caras y Caretas*:

> Naquele tempo, os Podestá percorriam a província de Buenos Aires, representando obras gauchescas. Em quase

todos os povoados, a primeira função correspondia ao *Juan Moreira*, mas, ao chegar a San Nicolás, julgaram de bom-tom anunciar *Hormiga Negra*. Desnecessário recordar que o epônimo fora, em suas mocidades, o matreiro mais famoso das redondezas.

Na véspera da função, um sujeito baixote e entrado em anos, trajado com asseada pobreza, apresentou-se na carpa.

— Andam dizendo — disse — que um de vocês vai aparecer no domingo diante de todo mundo e vai dizer que é o Hormiga Negra. Vou avisando que não vão enganar ninguém, porque o Hormiga Negra sou eu e todos me conhecem.

Os irmãos Podestá atenderam-no com a deferência que lhes é tão própria, e tentaram fazê-lo compreender que a peça em questão comportava a mais conceituada homenagem a sua figura já legendária. Foi tudo inútil, embora tivessem mandado vir do hotel alguns copos de genebra. O homem, firme em sua decisão, fez valer que nunca lhe haviam faltado com o respeito e que, se alguém saísse dizendo que era o Hormiga Negra, ele, velho e tudo o mais, ia derrubá-lo.

Foi preciso render-se à evidência! No domingo, na hora anunciada, os Podestá representavam *Juan Moreira*.

thomas carlyle

sartor resartus

De Parmênides de Eleia até hoje, o idealismo — a doutrina que declara que o universo, incluídos o tempo e o espaço e, quem sabe, nós mesmos, não passa de uma aparência, ou de um caos de aparências — foi professado de formas diversas por muitos pensadores. Talvez ninguém o tenha demonstrado com maior clareza que o bispo Berkeley; ninguém com maior convicção, desespero e força satírica que o jovem escocês Thomas Carlyle em seu intrincado *Sartor Resartus* (1831). Esse latim quer dizer O Alfaiate Remendado ou Alfaiate Cerzido; a obra não é menos singular que seu nome.

Carlyle invocou a autoridade de um professor imaginário, Diógenes Teufeldsdroeckh (Filho de Deus Bosta do Demônio), que teria publicado na Alemanha um vasto volume sobre a filosofia de areia, ou seja, das aparências. O *Sartor Resartus*, que abarca mais de duzentas páginas, seria um mero comentário e compêndio dessa obra gigantesca. Já Cervantes (que Carlyle havia lido em espanhol) atribui o *Quixote* a um autor árabe, Cide Hamete Benengeli. O livro inclui uma patética biografia de Teufeldsdroeckh, que é, na verdade, uma simbólica e secreta autobiografia, na qual não faltam as zombarias.

Nietzsche acusou Richter de ter transformado Carlyle no pior escritor da Inglaterra. A influência de Richter é evidente, mas este não passou de um sonhador de sonhos tranquilos e, não poucas vezes, tediosos, e Carlyle foi um sonhador de pesadelos. Em sua história da literatura inglesa, Saintsbury dá a entender que o *Sartor Resartus* é a extensa ampliação de um paradoxo de Swift, no profuso estilo de Sterne, mestre de Richter. O próprio Carlyle menciona as antecipações de Swift, que, em *A Tale of a Tub*, escreveu que determinadas peles de arminho e uma peruca, colocadas de certo modo, formam o que costumamos chamar de juiz, assim como uma justa combinação de cetim preto e cambraia chama-se bispo.

O idealismo afirma que o universo é uma aparência; Carlyle insiste em que é uma farsa. Era ateu e acreditou ter abjurado a fé de seus pais, mas, como Spencer observaria, seu conceito do mundo, do homem e da conduta prova que nunca deixou de ser um calvinista rígido. Seu pessimismo lúgubre, sua ética de ferro e fogo talvez sejam uma herança presbiteriana; seu domínio da arte de injuriar, sua doutrina de que a história é uma Escritura Sagrada que deciframos e escrevemos continuamente, e na qual também somos escritos, prefigura — com suficiente precisão — Léon Bloy. Escreveu profeticamente, em pleno século XIX, que a democracia é o caos provido de urnas eleitorais, e aconselhou a conversão de todas as estátuas de bronze em úteis banheiras de bronze. Não conheço um livro mais inflamado e vulcânico, mais trabalhado pela desolação que *Sartor Resartus*.

THOMAS CARLYLE, *Sartor Resartus*. Nota prévia de J. L. B. Buenos Aires: Emecé Editores, Biblioteca Emecé de Obras Universales, 1945.

thomas carlyle
dos heróis
ralph waldo emerson
homens representativos

Os caminhos de Deus são inescrutáveis. Em fins de 1839, Thomas Carlyle percorreu *As mil e uma noites*, na decorosa versão de Edward William Lane; essas narrativas pareceram-lhe "mentiras evidentes", mas aprovou as muitas e piedosas reflexões que as adornam. Sua leitura levou-o a meditar sobre as tribos pastoris da Arábia, que obscuramente idolatraram poços e estrelas, até que um homem de barba vermelha despertou-as com a tremenda novidade de que não há outro deus além de Deus, impelindo-as a uma batalha que não cessou e cujos limites foram os Pireneus e o Ganges. O que teria sido dos árabes se não tivesse existido Maomé?, perguntou-se Carlyle. Tal foi a origem das seis conferências que integram este livro.

Apesar do tom impetuoso e das muitas hipérboles e metáforas, *Dos heróis e do culto aos heróis* é uma teoria da história. Repensar esse tema era um dos hábitos de Carlyle; em 1830, ele insinuou que a história é uma disciplina impossível, porque não há fato que não seja a progênie de todos os anteriores e a causa parcial, mas indispensável, de todos os futuros, e, assim, "a narrativa é linear, mas o narrado foi sólido"; em 1833, declarou que a história universal é uma Escritura Sagrada,[1] "que todos os homens devem decifrar e, também, escrever, e na qual também são escritos". Um ano depois, repetiu no *Sartor Resartus* que a história universal é um evangelho, e acrescentou, no capítulo chamado "Centro de indiferença", que os homens de gênio são verdadeiros textos sagrados e que os homens de talento, e os outros, são meros comentários, glosas, escólios, targuns e sermões.

A forma deste livro é, às vezes, complexa até o barroco; a tese que propõe é muito simples. O primeiro parágrafo da primeira conferência a expõe com vigor e plenitude; eis aqui as palavras: "A história universal, o relato do que o homem fez no mundo, é no fundo a história dos grandes homens que aqui trabalharam. Eles foram os chefes dos homens; os forjadores, os moldes e, em um sentido amplo, os criadores de tudo que a humanidade executou ou alcançou". Um parágrafo ulterior abrevia: "A história do mundo é a biografia dos grandes homens". Para os deterministas, o herói é, antes de mais nada, uma consequência; para Carlyle, é uma causa.

Herbert Spencer observa que Carlyle acreditou ter abjurado a fé de seus pais, mas que suas concepções do mundo, do homem e da ética provam que nunca deixou de ser um calvinista rígido. Seu negro pessimismo, sua doutrina de poucos eleitos (os heróis) e de quase infinitos réprobos (a canalha) são uma clara herança presbiteriana, embora tenha declarado em uma discussão que a imortalidade da alma é "roupa velha judia" — *old Jewish rags* —, e, em

---

[1] Léon Bioy desenvolveu essa conjetura no sentido da Cabala. Veja-se, por exemplo, a segunda parte de seu romance autobiográfico *Le Désépéré*.

uma carta de 1847, que a fé de Cristo degenerou "em uma miserável e melosa religião de covardes".

Mais importante que a religião de Carlyle é sua teoria política. Os contemporâneos não a entenderam, mas agora cabe em uma única e muito divulgada palavra: nazismo. Assim o comprovaram Bertrand Russell, em seu estudo *The Ancestry of Fascism* (1935), e Chesterton, em *The End of the Armistice* (1940). Em suas lúcidas páginas, Chesterton relata o assombro e mesmo a estupefação que lhe causou o primeiro contato com o nazismo. Essa novíssima doutrina trouxe-lhe enternecedoras lembranças da infância. "Que em minha viagem normal à sepultura (escreve G. K. C.) atravesse meu caminho essa ressurreição de tudo o que é mau e bárbaro e estúpido em Carlyle, sem um único lampejo de seu humorismo, é realmente inacreditável. É como se o príncipe consorte descesse do Albert Memorial e cruzasse o parque de Kensington." Restam os textos probatórios; o nazismo (quando não é a mera formulação de certas vaidades raciais que todos obscuramente possuem, sobretudo os idiotas e os malfeitores) é uma reedição das iras do escocês Carlyle. Este, em 1843, escreveu que a democracia é o desespero de não encontrar heróis que nos dirijam. Em 1870, aclamou a vitória da "paciente, nobre, profunda, sólida e piedosa Alemanha" sobre a "fanfarrona, vangloriosa, gesticulante, briguenta, intranquila, hipersensível França". Louvou a Idade Média, condenou as bolsas de vento parlamentares, vindicou a memória do deus Thor, de Guilherme, o Bastardo, de Knox, de Cromwell, de Federico II, do taciturno doutor Francia e de Napoleão, alegrou-se de que em toda povoação houvesse um quartel e um cárcere, desejou um mundo que não fosse "o caos provido de urnas eleitorais", ponderou sobre o ódio, ponderou sobre a pena de morte, abominou a abolição da escravatura, propôs a conversão das estátuas — "horrendos solecismos de bronze" — em úteis banheiras de bronze, declarou que um judeu torturado era preferível a um judeu milionário, disse que toda sociedade que não morreu, ou que não se apressa para a morte, é uma hierarquia, justificou Bismarck, venerou, e talvez tenha inventado, a raça germânica. Quem reclamar outros ditames pode examinar — eu apenas respiguei, aqui — *Past and Present* (1843) e os tumultuosos *Latter-Day Pamphlets*, que são de 1850. No presente livro são abundantes; *verbi gratia*, na última conferência, em que defende com razões de ditador sul-americano a dissolução do parlamento inglês pelos mosqueteiros de Cromwell.

Os conceitos que enumerei não são ilógicos. Uma vez postulada a missão divina do herói, é inevitável que o julguemos (e que ele se julgue) livre das obrigações humanas, como o protagonista mais famoso de Dostoiévski ou como o Abraão de Kierkegaard. É inevitável também que todo aventureiro político se considere um herói e que alegue que seus próprios desmandos são prova fidedigna disso.

No canto primeiro da *Farsalia*, gravou Lucano esta ilustre linha: "*Victrix causa diis placuit, sed victa Catoni*" (A causa do vencedor foi grata aos deuses, mas a do vencido, a Catão), que postula que um homem pode ter razão contra o universo. Já para Carlyle, a história se confunde com a justiça. Vencem os que merecem a vitória, princípio que revela aos estudiosos que a causa de Napoleão foi irrepreensível até a manhã de Waterloo e injusta e detestável às dez da noite.

Tais comprovações não invalidam a sinceridade de Carlyle. Ninguém sentiu como ele que este mundo é irreal (irreal como os pesadelos, e atroz). Dessa fantasmidade geral, resgata apenas uma coisa, o trabalho: não seu resultado, entenda-se bem, que é mera fatuidade, mera imagem, mas sua execução. Escreve: "Toda obra humana é transitória, pequena, perecível em si; só tem sentido o operário e o espírito que o habita".

Carlyle, há pouco mais de cem anos, acreditava perceber a seu redor a dissolução de um mundo caduco, e não via outro remédio senão a abolição dos parlamentos e a entrega incondicional do poder a homens fortes e silenciosos.[2] Rússia, Alemanha, Itália apuraram até a borra o benefício dessa universal panaceia; os resultados são o servilismo, o temor, a brutalidade, a indigência mental e a delação.

Muito se falou da influência que Jean-Paul Richter exerceu sobre Carlyle. Este verteu para o inglês o *Das Leben des Quintus Fixlein* daquele; ninguém, por mais distraído que seja, poderá confundir uma única página com os originais do tradutor. Ambos são labirínticos, mas Richter o é por sentimentalismo, por languidez, por sensualidade; Carlyle, porque a paixão o trabalha.

Em agosto de 1833, o jovem Emerson visitou os Carlyle, nas solitudes de Craigenputtock. (Carlyle, nessa tarde, ponderou sobre a história de Gibbon e chamou-a de "esplêndida ponte entre o mundo antigo e o novo".) Em 1847, Emerson voltou à Inglaterra e deu as conferências que formam *Representative Men*. O plano da série é idêntico

---

[2] Tennyson intercalou esse anseio por um *Führer* em alguns de seus poemas; *verbi gratia*, na quinta estrofe da décima parte de *Maud*: "One still strong man in a blatant land...".

ao da série de Carlyle. Suponho que Emerson tenha cultivado essa semelhança formal para que ressaltassem com plenitude as diferenças essenciais.

De fato, os heróis, para Carlyle, são intratáveis semideuses que regem, não sem franqueza militar e palavrões, uma humanidade subalterna; Emerson venera-os, por sua vez, como exemplos esplêndidos das possibilidades que há em todo homem. Píndaro é uma prova, para ele, de minhas faculdades poéticas; Swedenborg ou Plotino, de minha capacidade para o êxtase. "Em toda obra genial", escreve, "reconhecemos pensamentos que foram nossos e que rejeitamos; retornam com certa majestade forasteira." Em outro ensaio, observa: "Dir-se-ia que uma única pessoa redigiu todos os livros que há no mundo; há neles tanta unidade central que é inegável que são obra de um único cavalheiro onisciente". E em outro: "Um eterno agora é a forma da natureza, que põe em meus roseirais as mesmas rosas que deleitaram o caldeu em seus jardins suspensos".

Bastam as linhas anteriores para fixar a fantástica filosofia que Emerson professou: o monismo. Nosso destino é trágico porque somos, irreparavelmente, indivíduos, limitados pelo tempo e pelo espaço; não há nada, portanto, mais lisonjeiro que uma fé que elimina as circunstâncias e declara que todo homem é todos os homens e que não há ninguém que não seja o universo. Aqueles que professam tal doutrina costumam ser homens infelizes ou indiferentes, ávidos por anular-se no cosmos; Emerson era, apesar de uma enfermidade pulmonar, instintivamente feliz. Deu alento a Whitman e a Thoreau; foi um grande poeta intelectual, um artífice de sentenças, um apreciador das variedades do ser, um generoso e dedicado leitor dos celtas e dos gregos, dos alexandrinos e dos persas.

Os latinistas apelidavam Solino de macaco de Plínio; por volta de 1873, o poeta Swinburne acreditou-se agredido por Emerson e mandou-lhe uma carta particular que encerra estas curiosas palavras, e outras que não quero recordar: "O senhor é um babuíno desdentado e debilitado que se encarapitou na fama pelos ombros de Carlyle"; em 1897, Groussac prescindiu do símio zoológico, mas não da imputação: "Quanto ao transcendental e simbólico Emerson, é bem sabido que foi uma espécie de Carlyle americano, sem o estilo agudo nem a prodigiosa visão histórica do escocês; este costuma tornar-se obscuro à força de ser profundo; temo que às vezes o outro pareça profundo à força de obscuridade; em todo caso, jamais conseguiu escapar do fascínio que exerce o que *era* sobre o que *poderia ter sido*; e só a ingênua vaidade de seus conterrâneos pôde igualar com o mestre o discípulo modesto que conservou até o fim, perante aquele, algo da atitude respeitosa de Eckermann diante de Goethe". Com ou sem babuíno, ambos os acusadores se enganam; Emerson e Carlyle quase não têm outro traço comum que sua animadversão ao século XVIII. Carlyle foi um escritor romântico, de vícios e virtudes plebeias; Emerson, um cavalheiro e um clássico.

Em um artigo, extremamente insatisfatório, da *Cambridge History of American Literature*, Paul Elmer More julga-o "a figura destacada das letras americanas"; antes, Nietzsche havia escrito: "De nenhum livro senti-me tão próximo como dos livros de Emerson; não tenho o direito de elogiá-los".

No tempo, na história, Whitman e Poe obscureceram a glória de Emerson, como inventores, como fundadores de seitas; linha por linha, são bem inferiores a ele.

THOMAS CARLYLE, *De los héroes*. RALPH WALDO EMERSON, *Hombres representativos*. Tradução e estudo preliminar de J. L. B. Buenos Aires: W. M. Jackson Inc., Clássicos Jackson, 1949.

versos de carriego

Duas cidades, Paraná e Buenos Aires, duas datas, 1883 e 1912, definem no tempo e no espaço o breve ciclo da vida de Evaristo Carriego. Homem de ilustre e velha cepa entrerriana, era nostálgico do destino valoroso de seus antepassados e procurava uma espécie de compensação nas românticas ficções de Dumas, na lenda napoleônica e no culto idolátrico aos *gauchos*. Assim, um pouco *pour épater le bourgeois*, um pouco por influência dos Podestá ou de Eduardo Gutiérrez, dedicou um poema à memória de San Juan Moreira.[1] As circunstâncias de sua vida podem ser cifradas em poucas palavras. Exerceu o jornalismo, frequentou os cenáculos literários e embriagou-se, como toda a sua geração, de Almafuerte, de Darío e de Jaimes Freyre. Quando menino, ouvi-o recitar de memória as cento e tantas estrofes de "El misionero", e através do tempo continuo escutando a paixão de sua voz. Pouco sei de suas opiniões políticas; é verossímil conjeturar que foi vaga e sonoramente anarquista. Como todos os sul-americanos cultos do início do século, era, ou se sentia, uma espécie de

---

[1] Martín Fierro ainda não fora canonizado por Lugones.

francês honorário e, por volta de 1911, abordou o conhecimento direto da língua de Hugo, outro de seus ídolos. Lia e relia o *Quixote*, e talvez seja típico de seu gosto o fato de Lugones agradar-lhe menos que Herrera. Os nomes que enumerei até agora poderiam esgotar o catálogo de suas módicas, mas não negligentes, leituras. Trabalhava continuamente, urgido pela febre suave da tuberculose. Afora alguma peregrinação à casa de Almafuerte, em La Plata, não fez outras viagens além daquelas que podem deparar à mente a história e a história romanceada. Morreu aos 29 anos, com a mesma idade e do mesmo mal que John Keats. Os dois tiveram fome de glória; a paixão era lícita naquele tempo, ainda alheio às más artes da publicidade.

Esteban Echeverría foi o primeiro espectador do pampa; Evaristo Carriego, igualmente, foi o primeiro espectador dos arrabaldes. Não teria executado seu labor sem a vasta liberdade de vocabulário, de temas e de metros que o simbolismo deparou às literaturas de língua hispânica, deste e do outro lado do mar, mas o simbolismo que o estimulou também lhe foi adverso. Uma boa metade de *Misas herejes* consta de paródias involuntárias de Darío e de Herrera. Para além dessas páginas e dos defeitos eventuais das que restam, a descoberta, por assim dizer, de nosso subúrbio define o mérito essencial de Carriego.

Para a execução cabal da obra teria sido conveniente que o autor fosse um homem de letras, sensível aos matizes ou às conotações das palavras, ou um homem inculto, não muito distante dos personagens humildes que o tema lhe impunha. Infelizmente, Carriego não era nenhum dos dois. As reminiscências de Dumas e o vocabulário luxuoso do simbolismo interpuseram-se entre ele e Palermo, e assim foi inevitável que comparasse seu homem da faca com D'Artagnan. Em duas ou três composições de *Alma del suburbio* roçou a épica, e em outras, o protesto social; em *Canción del barrio* passou da "cósmica populaça sagrada" à modesta classe média. A esta segunda e última etapa correspondem suas mais famosas, embora não as melhores, obras poéticas. Por esse caminho chegou ao que não é injusto chamar de poesia da infelicidade cotidiana, das doenças, do desengano, do tempo que nos consome e nos desanima, da família, do afeto, do hábito e, quase, dos mexericos. É significativo que o tango evoluísse de modo paralelo.

Em Carriego cumpriu-se o destino de todo precursor. A obra que para os contemporâneos foi anômala corre agora o risco de parecer trivial. A meio século de sua morte, Carriego pertence menos à poesia que à história da poesia.

Sabemos que foi sua a morte jovem que parece ser parte do destino do poeta romântico. Mais de uma vez me perguntei o que teria escrito se não nos tivesse deixado. Uma composição excepcional — "El casamiento" — pode prefigurar um desvio para o humorismo. Isso, evidentemente, é conjetural; o indiscutível é que Carriego modificou, e continua modificando, a evolução de nossas letras e que algumas páginas suas integrarão aquela antologia para a qual tende toda literatura. Aos personagens de sua obra — o valentão, a costureirinha que deu aquele mau passo, o cego, o tocador de realejo — é necessário acrescentar outro, o rapaz tísico e enlutado que caminhava lentamente entre casas baixas, ensaiando algum verso ou parando para olhar o que muito em breve deixaria.

Versos de Carriego. Seleção e prólogo de J. L. B. Buenos Aires: Eudeba, Serie del Siglo y Medio, 1963.

Pós-escrito de 1974

A poesia trabalha com o passado. O Palermo das *Misas herejes* foi o da infância de Carriego, e eu não o alcancei. O verso exige a nostalgia, a pátina, ainda que leve, do tempo. Também vemos isso no curso da literatura gauchesca. Ricardo Güiraldes cantou o que foi, o que poderia ter sido, seu *Don Segundo*, não o que era quando ele redigiu sua elegia.

miguel de cervantes

novelas exemplares

Em boa lei, os platônicos poderiam imaginar que existe no Céu (ou na insondável inteligência de Deus) um livro que registra as delicadas emoções de um homem a quem nada, precisamente nada, acontece, e outro que vai desalinhavando uma série infinita de atos impessoais, executados por qualquer um ou por ninguém. O primeiro, na terra, é *The Beast in the Jungle*, de Henry James; o outro, o *Livro das mil e uma noites*, ou nossa amontoada lembrança do *Livro das mil e uma noites*. O primeiro é a meta do romance psicológico; o outro, do romance de aventuras.

Na literatura dos homens não há tal rigor. O romance mais agitado tolera traços psicológicos; o mais sedentário, algum fato. Na terceira noite de *As noites*, um gênio encarcerado por Solimão em uma vasilha de cobre e lançado ao fundo do mar jura enriquecer quem o libertar, mas cem anos se passam, e jura que o fará senhor de todos os tesouros do mundo; mas outros cem anos se passam, e jura que lhe concederá três desejos; mas passam os séculos, e, por fim, desesperado, jura matá-lo. Essa não é uma genuína invenção de tipo psicológico, verossímil e espantosa ao mesmo tempo? Algo parecido acontece com o *Quixote*, que é o primeiro e o mais íntimo dos romances de personagem e o derradeiro e o melhor dos livros de cavalaria.

As *Novelas exemplares* apareceram em 1613, entre os dois Quixotes. Pouco ou nada encerram de sátira, além do quadro picaresco de Rinconete e Cortadillo e do diálogo dos cães, e muito daquela extravagância que o padre e o barbeiro condenaram e que alcançaria seu inacreditável auge nos ulteriores *Trabajos de Persiles y Sigismunda*. Ocorre que em Cervantes, como em Jekyll, houve pelo menos dois homens: o duro veterano, ligeiramente *miles gloriosus*,* leitor e apreciador de sonhos quiméricos, e o homem compreensivo, indulgente, irônico e sem fel, que Groussac, que não o apreciava, pôde equiparar a Montaigne. Idêntica discórdia observa-se na violência das coisas narradas e na grata delonga do narrador. Lugones estampou que os longos períodos de Cervantes jamais chegam a bom termo; a verdade é que quase não o procuram. Cervantes deixa-os fluir sem pressa, para leitores que não se esforça em interessar e que, no entanto, interessa. As duas opostas vaidades da altissonância sonora e da sentença lacônica estão muito longe dele. Não ignora que o chamado estilo oral é uma das muitas espécies do estilo escrito; seus diálogos levam o nome de discursos. Os interlocutores não se interrompem e deixam que o outro conclua. As frases truncadas do realismo de nosso tempo lhe teriam parecido uma grosseria indigna da arte literária.

Dante escreve para a análise; a crítica espanhola aceita demasiadamente Cervantes e prefere a mera veneração ao

---

* "Soldado glorioso."

exame. Ninguém apontou, por exemplo, que para o inventor de Alonso Quijano, que sonhava ser Dom Quixote, a Mancha não passava de um lugar irreparavelmente provinciano, empoeirado e prosaico. Não menos preciso é o título *Novelas exemplares*. Pedro Henríquez Ureña anota que *novela* equivale exatamente ao italiano *novella* e ao francês *nouvelle*; quanto a exemplares [*ejemplares*], o autor nos adverte: "Atrevo-me a dizer-te uma coisa: se de algum modo viesse a saber que a lição destas novelas poderia induzir quem as lesse a algum mau desejo ou pensamento, preferiria cortar a mão com que as escrevi a publicá-las".

Tolerante em um século de intolerantes, contemporâneo das visíveis fogueiras do Santo Ofício e do saque de Cádis, o narrador de "La española inglesa" não mostra o menor sinal de ódio pela Inglaterra. De todas as nações da Europa, a que mais ama é a Itália, a cujas letras tanto devia.

Atraíam-no a coincidência, o acaso, os desenhos mágicos do destino, mas profundamente o atrai o homem, seja como tipo ("Rinconete y Cortadillo", "La fuerza de la sangre"), seja como indivíduo ("El celoso extremeño", "El licenciado vidriera"); a estes últimos acrescentemos *El curioso impertinente*, entremeado com o *Quixote*. Cabe suspeitar, no entanto, que para os leitores contemporâneos o gosto por essas ficções não reside na fábula, nem nos vislumbres psicológicos, nem em suas pinturas da vida espanhola nos tempos de Filipe III. Reside na maneira de Cervantes; poderíamos dizer, quase, na voz de Cervantes. *O Marco Bruto* de Quevedo, as *Empresas* e a *Corona gótica* de Saavedra Fajardo são ilustres exemplos de estilo escrito; o de Cervantes, quando não o perturbam vãs ambições retóricas, dá a impressão de conversado. Em um estudo sobre a elaboração do *Quixote*, Menéndez y Pelayo destaca "a afortunada e sábia lentidão" com que Cervantes trabalhava, afirmação que depois justificam estas palavras: "De duas novelas exemplares, '*El celoso extremeño*' e '*Rinconete*', temos ainda uma cópia dos rascunhos primitivos executados pelo licenciado Porras de la Cámara, e deles à redação definitiva, quanta distância!". Cabe lembrar aqui certas linhas do *Adam's Curse* de Yeats: "Um único verso pode exigir muitas horas; mas, se não parece o dom de um momento, nosso tecer e destecer são inúteis".

Julgado pelos preceitos da retórica, não há estilo mais deficiente que o de Cervantes. É profuso em repetições, em languidezes, em hiatos, em erros de construção, em ociosos ou prejudiciais epítetos, em mudanças de propósito. Todos eles são anulados ou temperados por certo encanto essencial. Há escritores — Chesterton, Quevedo, Virgílio — inteiramente suscetíveis de análise; nenhum procedimento, nenhuma felicidade há neles que não possa justificar o retórico. Outros — De Quincey, Shakespeare — abarcam zonas refratárias a todo exame. Outros, ainda mais misteriosos, não são analiticamente justificáveis. Não há uma só de suas frases, revistas, que não seja corrigível; qualquer homem de letras pode apontar os erros; as observações são lógicas, o texto original talvez não o seja; no entanto, assim incriminado, o texto é eficacíssimo, embora não saibamos por quê. A essa categoria de escritores que a mera razão não pode explicar pertence Miguel de Cervantes.

Dos muitos elogios que mereceram estas *Novelas exemplares* talvez o mais memorável seja o tributado por Goethe. Figura em uma das cartas a Schiller, de 1795; Pedro Henríquez Ureña assim o verteu para o espanhol:

"Encontrei nas novelas de Cervantes um tesouro de ensinamentos e deleite. Como nos alegramos quando podemos reconhecer como bom o que já é reconhecido como tal, e como avançamos no caminho quando vemos obras realizadas de acordo com os princípios que nós mesmos seguimos, na medida de nossas forças e dentro de nossa esfera!". Menos efusivo é o parecer de Lope de Vega: "Na Espanha [...] também há livros de novelas, das traduzidas de italianos, e das próprias, em que não faltou graça e estilo a Miguel de Cervantes. Confesso que são livros de grande entretenimento, e que poderiam ser exemplares, como algumas das *Histórias trágicas* de Bandello;[1] mas deviam escrevê-las homens cientistas ou, pelo menos, grandes cortesãos, gente que encontra nos desenganos notáveis sentenças e aforismos".

Destino paradoxal o deste livro. Cervantes o compôs para distrair com ficções as primeiras melancolias de sua velhice; nós o procuramos para vislumbrar em suas fábulas os traços do velho Cervantes. Não nos comovem Mahamut ou a Gitanilla; comove-nos Cervantes, imaginando-os.

MIGUEL DE CERVANTES SAAVEDRA, *Novelas ejemplares*. Nota preliminar de J. L. B. Buenos Aires: Emecé Editores, Clásicos Castellanos, 1946.

---

[1] Matteo Bandello (1480-circa 1560), imitador do *Decameron* de Boccaccio.

wilkie collins
a pedra lunar

Em 1841, um pobre homem de gênio, cuja obra escrita talvez seja inferior à vasta influência por ela exercida nas diversas literaturas do mundo, Edgar Allan Poe, publicou na Filadélfia "Os crimes da rua Morgue", o primeiro conto policial que a história registra. Essa narrativa fixa as leis essenciais do gênero: o crime enigmático e, à primeira vista, insolúvel, o investigador sedentário que o decifra por meio da imaginação e da lógica, o caso narrado por um amigo impessoal, e um tanto apagado, do investigador. O investigador chamava-se Auguste Dupin; com o tempo passaria a ser chamado de Sherlock Holmes... Vinte e tantos anos depois aparecem *O caso Lerouge*, do francês Émile Gaboriau, e *A dama de branco* e *A pedra lunar*, do inglês Wilkie Collins. Estes dois últimos romances merecem muito mais que uma respeitosa menção histórica; Chesterton julgou-os superiores aos mais afortunados exemplos da escola contemporânea. Swinburne, que apaixonadamente renovaria a música do idioma inglês, afirmou que *A pedra lunar* é uma obra-prima; FitzGerald, insigne tradutor (e quase inventor) de Omar Khayyam, preferiu *A dama de branco* às obras de Fielding e de Jane Austen.

Wilkie Collins, mestre da vicissitude da trama, da patética angústia e dos desenlaces imprevisíveis, põe na voz dos diversos protagonistas a sucessiva narração da fábula. Esse procedimento, que permite o contraste dramático e, não raro, satírico dos pontos de vista, talvez derive dos romances epistolares do século XVIII, projetando sua influência no famoso poema de Browning "O anel e o livro", em que dez personagens narram, um após o outro, a mesma história, cujos fatos não mudam, somente a interpretação. Cabe lembrar também certos experimentos de Faulkner e do distante Akutagawa, que traduziu, diga-se de passagem, Browning.

A pedra lunar não é inesquecível apenas por seu argumento, mas também por seus vividos e humanos protagonistas: Betteredge, o respeitoso e contumaz leitor de *Robinson Crusoe*; Ablewhite, o filantropo; Rosanna Spearman, disforme e apaixonada; Miss Clack, "a bruxa metodista"; Cuff, o primeiro *detetive* da literatura britânica.

O poeta T. S. Eliot declarou: "Não existe romancista de nosso tempo que não possa aprender, com Collins, algo sobre a arte de interessar o leitor; enquanto o romance perdurar, deverão ser exploradas de tempos em tempos as possibilidades do melodrama. O romance de aventuras contemporâneo repete-se perigosamente: no primeiro capítulo, o consabido mordomo descobre o consabido crime; no último, o criminoso é descoberto pelo consabido *detetive*, depois de já tê-lo descoberto o consabido leitor. Os recursos de Wilkie Collins são, ao contrário, inesgotáveis". A verdade é que o gênero policial presta-se menos ao romance que ao conto breve; Chesterton e Poe, seu inventor, sempre preferiram o segundo. Collins, para que seus personagens não fossem peças de um mero jogo ou mecanismo, mostrou-os humanos e fidedignos.

Filho mais velho do paisagista William Collins, o escritor nasceu em Londres, em 1824; morreu em 1889. Sua obra é múltipla; seus argumentos são ao mesmo tempo complicados e claros, nunca morosos e confusos. Foi advogado, opiômano, ator e amigo íntimo de Dickens, com quem vez por outra colaborou.

O curioso leitor pode consultar a biografia de Ellis (*Wilkie Collins*, 1931), os epistolários de Dickens e os estudos de Eliot e de Swinburne.

WILKIE COLLINS, *La piedra lunar*. Prólogo de J. L. B. Buenos Aires: Emecé Editores, 1946.

santiago dabove

a morte e seu traje

Um homem sonhado por Shakespeare disse que somos feitos da mesma matéria dos sonhos; para a maioria, essa sentença é uma interjeição do desalento ou uma metáfora; para os metafísicos e os místicos, é a direta enunciação de uma verdade precisa. (Não sabemos qual das duas interpretações foi a de Shakespeare; talvez lhe tenha sido bastante a mera música de suas imorredouras palavras.) Macedonio Fernández, que não formulou ideias novas — talvez elas não existam —, mas que redescobriu e repensou as ideias eternas, defendia com admirável graça e paixão essa índole onírica das coisas, e no âmbito de sua amizade conheci, por volta de 1922, Santiago Dabove. Poucas horas foram suficientes para que Macedonio nos convertesse ao idealismo. A memória de Berkeley e o anseio por hipóteses mágicas ou assombrosas foram meu estímulo; quanto a Santiago Dabove, suponho que foi guiado pela convicção de que a vida é uma coisa tão pobre que não pode passar de um sonho. Niilismo e amargura conduziram-no à tese onírica. Para esse sonho ou realidade que leva a cifra de 1960, Santiago morreu, e vive nas realidades ou sonhos que propõe este livro.

Todos os sábados, durante um tempo que acabou se medindo por anos, reunia-nos a tertúlia de Macedonio, hoje quase legendária, em uma desmantelada confeitaria da rua Jujuy. Às vezes conversávamos até o amanhecer; os temas habituais eram a filosofia e a estética. A paixão política ainda não havia devorado as outras; talvez nos considerássemos anarquistas individualistas, mas Kropotkin ou Spencer importavam-nos menos que os usos da metáfora ou a inexistência do eu. De modo quase imperceptível, Macedonio dirigia nosso diálogo; nós, os que então o ouviam, não podemos nos surpreender com o fato de que os homens que perduravelmente influíram na humanidade — Pitágoras, Buda, Sócrates, Jesus Cristo — preferissem a palavra oral à palavra escrita... É típico de tais abstratos e apaixonados cenáculos que o geral apague o pessoal; sei muito pouco da cronologia e das vicissitudes de Santiago, salvo que estava empregado no Hipódromo e que vivia em Morón, povoado de seus pais, avós e trisavós. Creio, no entanto, tê-lo conhecido integralmente, na medida em que uma pessoa pode ser conhecida por outra; parece-me que poderia apresentá-lo em um conto e fazê-lo agir sem falsidade. Era, como Pitágoras queria, um espectador. Superava sem fadiga os lentos dias da semana no povoado; o cigarro toscamente enrolado, o mate, a guitarra eram formas de seu ócio. Sua casa era uma dessas casas antigas que penetram em pátios e em cujo fundo há uma claridade, que é a horta. Uma grande parreira filtrava as diversas luzes do dia e por esses pátios e por esses altos quartos andaria Santiago, adivinhando e definindo seus sonhos.

Uma vez nos disse, sorrindo, que dispunha de todos os materiais para a redação de um grande romance, porque sempre vivera em Morón; Mark Twain pensava o mesmo do Mississippi, cujas vastas e escuras águas sulcara durante tantos anos como piloto, e talvez todas as variedades humanas estejam representadas em qualquer lugar do planeta, e talvez em cada homem. Quanto à ideia ou preconceito naturalista de que os escritores devem viajar em busca de temas, Dabove considerava-o menos afim com a literatura que com o jornalismo. Lembro-me de ter discutido com ele passagens de De Quincey ou de Schopenhauer, mas suponho que lia o que o acaso colocava em suas mãos. Afora algumas velhas admirações — o *Quixote* e Edgar Allan Poe, certamente, e talvez Maupassant —, não tinha maiores esperanças na palavra escrita. Havia feito o humanamente possível para admirar Goethe, porém com ele se deu o mesmo que com outros. Considerava a música não apenas um prazer emocional, mas intelectual. Executava-a com destreza, preferindo, porém, ouvi-la e analisá-la.

Lembro-me de algumas de suas observações. No cenáculo de Macedonio se discutia se o tango é alegre ou triste. Cada um recusava como exceções as obras que outro defendia como típicas, e nem mesmo concordávamos sobre o valor emocional das *Siete palabras* ou de *Don Juan*. Santiago, que nos ouvia em silêncio, observou por fim que a discussão era inútil, uma vez que qualquer melodia, mesmo a paupérrima do tango, era muito mais complexa, rica e precisa que os adjetivos *triste* ou *alegre*. O tango não lhe interessava, mas sim a crônica épica dos subúrbios, as histórias de valentões. Narrava-as sem o menor acento exclamativo ou sentimental. Não me esquecerei de uma história sua: a inauguração de um bordel em uma cidadezinha da província de Buenos Aires. Os "meninos bem", que conheciam a capital, tiveram de explicar o insólito estabelecimento aos grandes malfeitores, que só tinham desfrutado até então dos amores de saguão ou da intempérie. Maupassant teria adorado essa situação.

Mais do que o irreal, Santiago sentia o inútil das coisas. Ambos os sentimentos convivem no conto fantástico, a que também o levaram o exemplo, já mencionado, de Poe e o de Lugones de *Las fuerzas extrañas*. Todos os contos que compõem este volume póstumo pertencem a um gênero que poderíamos definir como de imaginação raciocinada, mas os gêneros não passam de comodidades ou rótulos, e nem mesmo sabemos, com certeza, se o universo é um espécime de literatura fantástica ou de realismo.

O roçar dos anos desgasta as obras dos homens, mas perdoa, paradoxalmente, algumas cujo tema são a dispersão e a fugacidade. Certamente, as gerações vindouras não vão resignar-se a deixar morrer o singular e dolorido conto "Ser pó".

Como Peyrou e como Julio César, seu irmão, Santiago foi um *genial de la amistad*, para usar o dialeto que comovia Macedonio Fernández.

SANTIAGO DABOVE, *La muerte y su traje*. Prólogo de J. L. B. Buenos Aires: Editorial Alcándara, 1961.

macedonio fernández

Ainda não foi escrita a biografia de Macedonio Fernández, homem que raras vezes condescendeu com a ação e que viveu entregue aos puros deleites do pensamento.

Macedonio Fernández nasceu em Buenos Aires em 1º de junho de 1874 e faleceu nessa mesma cidade em 10 de fevereiro de 1952. Cursou estudos jurídicos; litigou ocasionalmente nos tribunais e, no início deste século, foi secretário do juizado federal em Posadas. Por volta de 1897, fundou no Paraguai, com Julio Molina y Vedia e Arturo Muscari, uma colônia anarquista, que durou o que costumam durar essas utopias. Em 1900, casou-se com Elena de Obieta, que lhe deu vários filhos e de cuja morte é patético monumento uma elegia famosa. A amizade foi uma das paixões de Macedonio. Entre seus amigos, lembro Leopoldo Lugones, José Ingenieros, Juan B. Justo, Marcelo del Mazo, Jorge Guillermo Borges, Santiago Dabove, Julio César Dabove, Enrique Fernández Latour, Eduardo Girondo.

Nos últimos dias de 1960, dito, ao acaso da memória e de seus vaivéns, o que o tempo me legou das queridas e certamente misteriosas imagens que, para mim, foram Macedonio Fernández.

No decurso de uma vida já longa, conversei com pessoas famosas; nenhuma me impressionou como ele, nem sequer de modo análogo. Tentava ocultar, não exibir, sua inteligência extraordinária; falava como que à margem do diálogo e, no entanto, era seu centro. Preferia o tom interrogativo, o tom de modesta consulta, à afirmação magistral. Jamais pontificava; sua eloquência era de poucas palavras e, mesmo, de frases truncadas. O tom habitual era de cautelosa perplexidade. Posso imitar, mas não definir, essa voz afável, enrouquecida pelo tabaco. Recordo a testa ampla, os olhos de uma cor indefinida, a cabeleira cinzenta, o bigode cinzento, a figura breve e quase vulgar. O corpo, nele, era quase um pretexto para o espírito. Quem não o conheceu pode recordar os retratos de Mark Twain ou de Paul Valéry. A primeira dessas semelhanças o teria alegrado, mas não a segunda, já que suponho que Valéry, para ele, era uma espécie de charlatão do escrupuloso. Sua simpatia pelo francês era bastante imperfeita; de Victor Hugo, que eu admirava e admiro, lembro-me de tê-lo ouvido dizer: "Fora com esse galego insuportável. O leitor já foi embora e ele continua falando". Na noite da famosa luta entre Carpentier e Dempsey, disse-nos: "Ao primeiro soco de Dempsey, já estará o francesinho na plateia, pedindo que lhe devolvam o dinheiro porque a função foi muito curta". Preferia julgar os espanhóis por Cervantes, que era um de seus deuses, e não por Gracián ou Góngora, que lhe pareciam umas calamidades.

Herdei de meu pai a amizade e o culto a Macedonio. Por volta de 1921, voltamos da Europa, depois de uma estada de muitos anos. As livrarias de Genebra, e certo generoso estilo de vida oral que eu descobrira em Madri, no início me faziam muita falta; esqueci essa nostalgia ao conhecer, ou recuperar, Macedonio. Minha última emoção, na Europa, foi o diálogo com o grande escritor judeu-espanhol Rafael Cansinos Assens, em quem estavam todas as línguas e todas as literaturas, como se ele mesmo fosse a Europa e todos os ontens da Europa. Em Macedonio encontrei outra coisa. Era como se Adão, o primeiro homem, pensasse e resolvesse no Paraíso os problemas fundamentais. Cansinos era a soma do tempo; Macedonio, a jovem eternidade. A erudição parecia-lhe uma coisa vã, um modo pomposo de não pensar. Em um pátio interno da rua Sarandí, disse-nos uma tarde que se pudesse ir ao campo e deitar-se ao meio-dia na terra e fechar os olhos e compreender, distraindo-se das circunstâncias que nos distraem, poderia resolver imediatamente o enigma do universo. Não sei se essa felicidade foi-lhe deparada, mas sem dúvida ele a entreviu. Anos depois da morte de Macedonio, li que em certos mosteiros budistas o mestre costuma avivar o fogo com algumas imagens santas ou destinar a usos infames os livros canônicos para ensinar aos noviços que a letra mata e o espírito vivifica; pensei que essa curiosa notícia conformava-se aos hábitos mentais de Macedonio, mas que este ficaria aborrecido se eu a citasse, dado seu caráter exótico. Aos adeptos do zen-budismo incomoda que lhes falem das origens históricas de sua própria doutrina; do mesmo modo, Macedonio ficaria incomodado se lhe falassem de uma prática circunstancial e não da íntima verdade, que está aqui e agora, em Buenos Aires. A essência onírica do Ser era um dos temas preferidos de Macedonio, mas, quando ousei contar-lhe que um chinês sonhara ser uma borboleta e não sabia, ao acordar, se era um homem que sonhara ser uma borboleta ou uma borboleta que agora sonhava ser um homem, Macedonio não se reconheceu nesse antigo espelho e limitou-se a perguntar-me a data do texto que eu citava. Disse-lhe que do século v antes da era cristã, e Macedonio observou que o idioma chinês mudara tanto desde aquela data distante que, de todas as palavras do conto, a palavra *borboleta* seria a única de sentido não incerto.

A atividade mental de Macedonio era incessante e rápida, embora sua exposição fosse lenta; nem as refutações nem as confirmações alheias lhe interessavam. Seguia imperturbavelmente sua ideia. Lembro-me de que atribuiu tal ou qual opinião a Cervantes; algum imprudente assinalou que em determinado capítulo do *Quixote* lê-se precisamente o contrário; Macedonio não se desviou diante desse leve obstáculo e disse: "Pode ser, mas Cervantes escreveu isso para ficar bem com o delegado". Meu primo Guillermo Juan, que estudava na Escola Naval de Río Santiago, foi visitar Macedonio e este observou que nesse estabelecimento, no qual há tantos interioranos, deviam tocar muita guitarra. Meu primo disse-lhe que, nos vários meses que aí levava, não sabia de ninguém que tocasse; Macedonio aceitou essa negativa como se fosse uma confirmação e disse-me, com o tom de um homem que complementa o que outro afirmou: "Veja só, um centro guitarrístico notável".

A indolência leva-nos a pressupor que os outros são feitos a nossa imagem; Macedonio Fernández cometia o erro generoso de atribuir sua inteligência a todos os homens.

Em primeiro lugar a atribuía aos argentinos, que constituíam, como é natural, seus mais frequentes interlocutores. Certa vez, minha mãe acusou-o de ser partidário, ou de ter sido partidário, de todos os diversos e sucessivos presidentes da República. Tais vicissitudes, que o fizeram passar em um único dia do culto a Yrigoyen ao culto a Uriburu, procediam de sua convicção de que Buenos Aires não pode equivocar-se. Admirava, claro que sem tê-los lido, Josué Quesada ou Enrique Larreta, pela única e suficiente razão de que todos os admiravam. Essa superstição do argentino levou-o a opinar que Unamuno e os outros espanhóis começaram a pensar, e muitas vezes a pensar bem, porque sabiam que seriam lidos em Buenos Aires. Agradava-lhe pessoalmente e apreciava literariamente Lugones, de quem foi muito amigo, mas certa vez brincou com a circunstância de escrever um artigo em que manifestaria sua estranheza de que Lugones, apesar de suas muitas leituras e de seu indiscutível talento, nunca se dedicara a escrever. "Por que não nos dá um verso?", perguntava-se.

Macedonio possuía em grau eminente as artes da inação e da solidão. A vida pastoril em um território quase deserto nos ensinara, aos argentinos, o hábito da solidão sem o tédio; a televisão, o telefone e, por que não dizer?, a leitura são culpados por termos desaprendido esse precioso dom. Macedonio era capaz de estar só, sem fazer nada, durante muitas horas. Um livro muito famoso fala do homem que está só e espera; Macedonio estava só e nada esperava, abandonando-se docilmente ao manso fluir do tempo. Acostumara seus sentidos a não perceber o desagradável e a demorar-se em um agrado qualquer:

o cheiro do tabaco inglês, de um mate curado ou de um volume — *El mundo como voluntad y representación*, lembro-me — com encadernação espanhola. O acaso o levava a quartos modestos, sem janelas ou com uma janela que dava para um sufocado pátio interno, em pensões do Once ou do bairro dos Tribunales; eu abria a porta e aí estava Macedonio, sentado na cama ou em uma cadeira de espaldar reto. Dava-me a impressão de não se ter movido durante horas e de não sentir o encerramento, um pouco mortiço, do ambiente. Não conheci homem mais friorento. Costumava abrigar-se com uma toalha, que pendia sobre o peito e os ombros, ao modo árabe; um chapéu de cocheiro ou um chapéu preto de palha podia coroar essa estrutura (os *gauchos* agasalhados de certas litografias me fazem lembrá-lo). Gostava de falar do "afago térmico"; esse afago, na prática, era constituído por três fósforos, que ele acendia ao mesmo tempo e aproximava, em forma de leque, de seu ventre. A mão esquerda governava essa efêmera e mínima calefação; a direita acentuava alguma hipótese de caráter estético ou metafísico. O temor das perigosas sequelas de um resfriamento brusco havia lhe aconselhado a conveniência de dormir vestido no inverno; o calor adicional da cama não lhe importava. Sustentava que a barba, que garante uma temperatura constante, era uma proteção natural contra as dores de dente. A dietética e as guloseimas lhe interessavam. Uma tarde discutiu longamente as respectivas virtudes e desvantagens do merengue e do alfajor; após imparciais e escrupulosas considerações teóricas, pronunciou-se a favor dos doces crioulos e apanhou a mala empoeirada que tinha embaixo da cama. De seu fundo exumou, entre manuscritos, erva e tabaco, umas coisas confusas que já haviam perdido seu caráter de alfajor ou de merengue, e que nos ofereceu com insistência. Essas histórias correm o risco de parecer ridículas; assim nos pareceram naquele tempo, e nós as repetíamos, talvez exagerando-as um pouco, mas sem o menor prejuízo de nossa reverência. De Macedonio, não quero que nada se perca. Eu, que agora detenho-me a registrar esses pormenores absurdos, continuo acreditando que seu protagonista é o homem mais extraordinário que conheci. Sem dúvida, Boswell sentiria o mesmo em relação a Samuel Johnson.

Escrever não era uma tarefa para Macedonio Fernández. Vivia (mais do que qualquer outra pessoa que conheci) para pensar. Diariamente abandonava-se às vicissitudes e surpresas do pensamento, como o nadador a um grande rio, e essa maneira de pensar que se chama escrever não lhe custava o menor esforço. Seu pensamento era tão vívido quanto a redação de seu pensamento; na solidão de seu quarto ou no burburinho de um café, enchia páginas e páginas com a escrita perfilada de uma época que desconhecia a máquina de escrever, e para a qual a clara caligrafia era parte dos bons modos. Suas cartas mais casuais não eram menos engenhosas e pródigas que as páginas que destinava à imprensa, e talvez as superassem em graça. Macedonio não dava o menor valor a sua palavra escrita; ao mudar-se de moradia, não levava os manuscritos de índole metafísica ou literária que haviam se acumulado sobre a mesa e que enchiam caixas e armários. Muito se perdeu, com isso; talvez irrevogavelmente. Lembro-me de ter-lhe reprovado essa distração; disse-me que supor que podemos perder algo é uma soberba, já que a mente humana é tão pobre que está condenada a encontrar, perder ou redescobrir sempre as mesmas coisas. Outra razão de sua facilidade literária era seu incorrigível menosprezo pelas sonoridades verbais e, mesmo, pela eufonia. "Não sou leitor de *sonzinhos*", declarou certa vez, e as ansiedades prosódicas de Lugones ou de Darío pareciam-lhe totalmente vãs. Opinava que a poesia está nos personagens, nas ideias ou em uma justificativa estética do universo; eu, com o passar dos anos, suponho que está essencialmente na entonação, em certa respiração da frase. Macedonio procurava a música na música, não na linguagem. Isso não impediu que em seus textos — sobretudo em sua prosa — percebamos uma música involuntária que corresponde à cadência pessoal de sua voz. Macedonio exigia do romance que todos os seus personagens fossem eticamente perfeitos; nossa época parece propor-se o contrário, sem outra exceção que a muito honrosa de Shaw, que imaginou e moldou heróis e santos.

Por trás da sorridente cortesia e do ar um pouco distante de Macedonio, pulsavam dois temores, o da dor e o da morte. O último induziu-o a negar o eu, para que não houvesse um eu que morresse; o primeiro, a negar que a dor física pudesse ser intensa. Queria convencer-se, e convencer-nos, de que o organismo do homem é incapaz de um prazer forte e, por conseguinte, de uma dor forte. Latour e eu ouvimos dele esta pitoresca metáfora: "Em um mundo onde os prazeres são de brincadeira, as dores não podem ser de ferraria". Foi inútil objetar que o prazer nem sempre é de brincadeira e que o mundo, além do mais, não tem por que ser simétrico. Para não enfrentar o alicate do dentista, Macedonio costumava praticar o tenaz artifício de afrouxar continuamente os dentes; essa manipulação se dava atrás da mão esquerda, que servia de tela, enquanto a direita insistia. Não sei se o êxito coroou esse labor de dias e anos. O homem que vai sofrer uma dor tenta, com bom instinto, não pensar nela; Macedonio sustentava, ao contrário, que devemos imaginar previamente a dor e todas as suas circunstâncias para que não chegue a nos espantar a realidade. Imaginava assim a sala de espera, a porta que se entreabre, o cumprimento, a cadeira operatória, o instrumental, o cheiro dos antissépticos, a água morna, as pressões, as luzes, a penetração da agulha e o dilaceramento final. Essa preparação imaginativa devia ser perfeita e não deixar o menor resquício ao insólito; Macedonio nunca a completou. Talvez o método não tenha sido senão um modo de justificar as imagens terríveis que o perseguiam.

O mecanismo da fama lhe interessava, não sua obtenção. Durante um ano ou dois brincou com o vasto e vago projeto de ser presidente da República. Muitas pessoas propõem-se abrir uma tabacaria, e quase ninguém ser presidente; desse traço estatístico deduzia que é mais fácil chegar a presidente que a dono de tabacaria. Um de nós observou que também é lícito deduzir que abrir uma tabacaria é mais difícil que chegar à presidência; Macedonio assentiu com seriedade. "O mais necessário (repetia-nos) era a difusão do nome." Colaborar no suplemento de um dos grandes jornais era fácil, mas a difusão alcançada por esse meio corre o risco de ser tão trivial quanto Julio Dantas ou os cigarros 43. Convinha insinuar-se na imaginação das pessoas de modo mais sutil e enigmático. Macedonio optou por aproveitar seu curioso nome de batismo; minha irmã e algumas amigas suas escreviam o nome de Macedonio em tiras de papel ou em cartões, que cuidadosamente esqueciam nas confeitarias, nos bondes, nas calçadas, nos vestíbulos das casas e nos cinemas. Outra habilidade era congraçar-se com as comunidades estrangeiras; Macedonio, com sonhadora gravidade, contava-nos que havia deixado no Clube Alemão um volume desconjuntado de Schopenhauer, com sua assinatura e anotações a lápis. Dessas manobras mais ou menos imaginárias, e cuja execução não era preciso apressar, pois devíamos proceder com máxima cautela, surgiu o projeto de um grande romance fantástico, situado em Buenos Aires, e que começamos a escrever entre todos. (Se não me engano, Julio César Dabove ainda conserva o manuscrito dos dois primeiros capítulos; creio que poderíamos tê-lo concluído, mas Macedonio o foi adiando, porque gostava de falar das coisas, não de executá-las.) A obra intitulava-se *El Hombre que será presidente*; os personagens da fábula eram os amigos de Macedonio, e na última página o leitor receberia a revelação de que o livro fora escrito por Macedonio Fernández, o protagonista, e pelos irmãos Dabove e por Jorge Luis Borges, que se matou no final do nono capítulo, e por Carlos Pérez Ruiz, que teve aquela singular aventura com o arco-íris, e de tudo o mais. Na obra entreteciam-se dois argumentos: um, visível, as curiosas gestões de Macedonio para ser presidente da República; outro, secreto, a conspiração urdida por uma seita de milionários neurastênicos e, talvez, loucos para alcançar o mesmo fim. Estes resolvem socavar e minar a resistência das pessoas mediante uma série gradual de invenções incômodas. A primeira (a que nos sugeriu o romance) é a dos açucareiros automáticos, que, de fato, impedem de adoçar o café. A esta seguem-se outras: a dupla caneta, com uma pena em cada ponta, que ameaça furar os olhos; as empinadas escadas nas quais não há dois degraus da mesma altura; o tão recomendado pente-navalha, que nos corta os dedos; os utensílios elaborados com dois novos materiais antagônicos, de modo que as coisas grandes sejam muito leves e as muito pequenas, pesadíssimas, para frustrar nossa expectativa; a multiplicação de parágrafos empastelados nos romances policiais; a poesia enigmática e a pintura dadaísta ou cubista. No primeiro capítulo, dedicado quase inteiramente à perplexidade e ao temor de um jovem provinciano diante da doutrina de que não existe eu, e ele, por conseguinte, não existe, figura um único artefato, o açucareiro automático. No segundo figuram dois, mas de modo lateral e fugaz; nosso propósito era apresentá-los em proporção crescente. Queríamos também que, à medida que os fatos fossem enlouquecendo, o estilo enlouquecesse; para o primeiro capítulo escolhemos o tom conversado de Pío Baroja; o último teria correspondido às páginas mais barrocas de Quevedo. No final o governo vem abaixo; Macedonio e Fernández Latour entram na Casa Rosada, mas agora nada significa nada nesse mundo anárquico. Nesse romance inconcluso é bem possível que haja algum reflexo involuntário de *O homem que foi quinta-feira*.

Para Macedonio a literatura era menos importante que o pensamento, e a publicação menos que a literatura, ou seja, quase nada. Milton ou Mallarmé procuravam a justificativa de sua vida na redação de um poema ou, talvez, de uma página; Macedonio queria compreender o universo e saber quem era ou saber se era alguém. Escrever e publicar, para ele, eram coisas subalternas. Além do encanto de seu diálogo e da reservada presença de sua amizade, Macedonio propunha-nos o exemplo de um modo intelectual de viver. Aqueles que hoje se denominam intelectuais não o são realmente, já que fazem da inteligência um ofício ou um instrumento para a ação. Macedonio era um puro contemplativo, que às vezes condescendia em escrever, raras vezes em publicar. Para apresentar Macedonio não encontrei melhor meio que as histórias, mas estas, quando são memoráveis, têm a desvantagem de transformar seu protagonista em um ser mecânico, que repete infinitamente o mesmo epigrama, agora clássico, ou tem a mesma saída. Outra coisa foram os ditos de Macedonio, imprevisivelmente agregados à realidade, enriquecendo-a e assombrando-a. Eu gostaria de recuperar de algum modo o que foi Macedonio, essa felicidade de saber que em uma casa de Morón ou do Once havia um homem mágico, cuja simples existência despreocupada era mais importante que nossas venturas ou desventuras pessoais. Foi isso que senti, isso alguns de nós sentimos, isso eu não consigo comunicar.

Negada a matéria duradoura por detrás das aparências do mundo, negado um eu que percebe as aparências, Macedonio afirmava, no entanto, uma realidade, e essa realidade era a paixão, que se manifestava nos assuntos da arte e do amor. Suponho que para Macedonio o amor parecia ainda mais prodigioso que a arte; essa preferência estaria fundada em seu caráter afetivo, não em sua doutrina, que comporta (como já vimos) a negação do eu, de sorte que não há objeto nem sujeito da paixão, que seria a única realidade. Macedonio disse-nos que o abraço dos corpos não passa do sinal — talvez ele tenha dito aceno — que uma alma faz a outras almas, mas não há almas em sua filosofia.

Como Güiraldes, Macedonio permitiu a vinculação de seu nome à chamada geração "Martín Fierro", que propôs à atenção, um tanto distraída ou cética, de Buenos Aires versões tardias e caseiras do futurismo e do cubismo. Além do trato pessoal, a inclusão de Macedonio nesse grupo é ainda mais injustificada que a de Güiraldes; *Don Segundo Sombra* procede de *El payador*, de Lugones, como todo o ultraísmo procedeu do *Lunario sentimental*, mas o orbe de Macedonio é muito mais diverso e mais vasto. Pouco interessou a Macedonio a técnica da literatura. O culto ao homem dos arrabaldes e ao *gaucho* suscitavam sua zombaria bondosa; em uma entrevista, declarou que os *gauchos* eram um entretenimento para os cavalos, acrescentando: "Sempre no chão! Que homem mais caminhador!". Uma tarde, falou-se das turbulentas eleições que deram fama ao átrio de Balvanera; Macedonio nos disse: "Todos nós, os vizinhos de Balvanera, morremos nesses atos eleitorais tão perigosos".

Além de sua doutrina filosófica e de suas frequentes e delicadas observações estéticas, Macedonio oferecia-nos, e continua a oferecer-nos, o espetáculo incomparável de um homem que, indiferente às vicissitudes da fama, vivia na paixão e na meditação. Não sei que afinidades ou divergências poderia revelar-nos o cotejo da filosofia de Macedonio com a de Schopenhauer ou com a de Hume; baste-nos saber que em Buenos Aires, em mil novecentos e vinte e tantos, um homem repensou e descobriu certas coisas eternas.

Macedonio Fernández. Seleção e prólogo de J. L. B. Buenos Aires: Ediciones Culturales Argentinas, Biblioteca del Sesquicentenario, 1961.

o gaucho

O ginete, o homem que vê a terra de cima do cavalo e que o governa, suscitou em todas as épocas uma consideração instintiva, cujo símbolo mais notório é a estátua equestre. Roma já havia aplicado esse adjetivo a uma ordem militar e social; ninguém ignora a etimologia análoga do vocábulo *cavaleiro* e dos vocábulos *Ritter* (barão) e *chevalier*. Nas Ilhas Britânicas, a crítica sublinhou na poesia de Yeats o peso e o valor da palavra *rider*, ginete. Esse homem, nestas terras, foi o *gaucho*. Que havia perdido tudo, menos o prestígio antigo que exaltaram a aspereza e a solidão.

Samuel Johnson disse que as profissões de marinheiro e soldado têm a dignidade do perigo. Teve-a nosso *gaucho*, que conheceu no pampa e nas coxilhas a luta com a intempérie, com uma geografia desconhecida e com o gado bravio. Inútil defini-lo etnicamente; filho casual de esquecidos conquistadores e povoadores, foi mestiço de índio, às vezes de negro, ou foi branco. Ser *gaucho* foi um destino. Aprendeu a arte do deserto e de seus rigores; seus inimigos foram os ataques dos índios que espreitavam atrás do horizonte incerto, a sede, as feras, a seca, os campos incendiados. Depois vieram as campanhas da liberdade e da anarquia. Não foi, como seu remoto irmão do Far West, um aventureiro, um buscador de vastas terras virgens ou de filões de ouro, mas as guerras o levaram muito longe, e deu estoicamente a vida, em estranhas regiões do continente, por abstrações que talvez não tenha conseguido entender — a liberdade, a pátria — ou por uma divisa ou por um chefe. Nas tréguas do risco cuidava do ócio; suas preferências foram a guitarra, que dedilhava com lentidão, o estilo menos cantado que falado, a tava, as corridas de cavalos, a redonda roda do mate ao pé do fogo de lenha e o truco feito de tempo, não de cobiça. Foi, sem suspeitá-lo, famoso; em 1856, Whitman escreveu:

Veo al gaucho que atraviesa los llanos
veo al incomparable jinete de caballos tirando el lazo,
*veo sobre la pampa la persecución de la hacienda brava.**

Meio século depois, Ricardo Güiraldes repetiria com um tom retórico a mesma figura de nômade:

Símbolo pampeano y hombre verdadero,
generoso guerrero,
amor, coraje
¡Salvaje!

Gaucho, por decir mejor,
ropaje suelto de viento

---

* Vejo o *gaucho* que atravessa os lhanos,/ vejo o incomparável ginete de cavalos atirando o laço,/ vejo sobre o pampa a caça ao gado bravio.

protagonista de un cuento
vencedor.

Corazón
de afirmación,
voluntad,
de lealtad,
cuerpo "morrudo" de hombría,
peregrina correría
que va tranqueando los llanos,
con la vida entre las manos
potentes de valentía.[*][1]

Sua pobreza teve um luxo: a coragem. Criou ou herdou — César já sabia dessas coisas — uma esgrima da arma curta; o braço esquerdo envolto no poncho à maneira de escudo, pronto o punhal para a estocada para cima, lutava em duelo singular com o homem ou, se era peão *tigreiro* em alguma estância do Norte, com o jaguar. Exerceu a coragem desinteressada; em Chivilcoy falaram-me de um *gaucho*

---

[*] Símbolo pampiano e homem verdadeiro,/ generoso guerreiro,/ amor, coragem/ Selvagem!// *Gaucho*, ou melhor,/ roupagem solta de vento,/ protagonista de um conto/ vencedor.// Coração/ de afirmação,/ vontade/ de lealdade,/ corpo "morrudo" de galhardia,/ peregrina correria/ que vai tranqueando os campos,/ com a vida entre as mãos/ potentes de valentia.

[1] Os tempos finais de *Dom Segundo Sombra* têm sua graça. Por um lado, visitavam-no figuras internacionais (Keyserling, Reyes); por outro, procuravam-no para afrontá-lo os homens da faca mais afamados de Areco: o Toro, seu filho Torito e Andrés Soto, incomodados com sua glória literária. O velho Dom Segundo era homem de paz e morreu entre a fama e a justificada aflição.

que atravessou meia província para desafiar com bons modos outro de quem só sabia que era valente. Ao longo do tempo ocorreram fatos como esse, mas desconfio que não devemos exagerar a fereza do *gaucho*, exacerbada em certos indivíduos pelo desordeiro álcool dos sábados. O venerado *Martín Fierro* de Hernández e as biografias de homens da faca de Eduardo Gutiérrez induziram-nos a ver em seus heróis o arquétipo de nosso camponês; na realidade, o *gaucho* rebelde, já definido por Sarmiento, não passou de uma das espécies do gênero. Matreiros como Hormiga Negra, do pago de San Nicolás, ou o Tigre del Quequén ou, na República do Uruguai, o Clinudo Menchaca, que, chefiando um bando, assaltava estâncias, foram afortunadamente esporádicos; se não tivessem sido, hoje a lenda não os recordaria. Um epigrama de Oscar Wilde adverte-nos que a natureza imita a arte; os Podestá podem ter influído na formação do valentão do arrabalde, que, à força de crioulo, acabou por se identificar com os protagonistas de suas ficções. Em 1908, Evaristo Carriego, primeiro cantor dos arrabaldes de Buenos Aires, dedicava um poema seu, "El guapo", "À memória de San Juan Moreira, mui devotamente". Nos arquivos policiais de fins do século passado ou de princípios deste, acusam-se os perturbadores da ordem de "terem querido dar uma de Moreira". Talvez não seja demais lembrar que, de todos os *gauchos* foragidos, Juan Moreira foi o mais famoso, e que agora Martín Fierro o substitui.

A dura vida impôs aos *gauchos* a obrigação de serem valentes. Nem sempre seus caudilhos o foram. Rosas era notoriamente covarde; em uma época de ataques de cavalaria, teve de refugiar-se na fama de incruentos exercícios de equitação. Além do mais, a estirpe *gaucha* não produziu caudilhos. Artigas, Oribe, Güemes, Ramírez, López, Bustos, Quiroga, Aldao, o já citado Rosas e Urquiza eram fazendeiros, não peões. Nas guerras anárquicas, o *gaucho* seguiu seu patrão.

Podia não ser supersticioso. Um amigo meu, muito culto, interrogou um tropeiro entrerriano sobre os lobisomens, que na noite de sábado costumam assumir a forma de cães. O homem respondeu-lhe com um sorriso: "Não acredite nisso, senhor. São lendas".

Ascasubi celebrou-o como soldado da boa causa em um volume cujo nome já é uma espécie de epopeia: *Paulino Lucero o los gauchos del Río de la Plata cantando y combatiendo hasta postrar al tirano Juan Manuel de Rosas y a sus satélites*. Em um livro feliz, Estanislao del Campo usou-o para nos deixar ver a mais recatada e firme paixão dos argentinos, a amizade varonil. Depois viria *El payador*, de Leopoldo Lugones, que dilata e recria a obra de Hernández. O acento é épico; já em *Don Segundo Sombra* (1926), de Güiraldes, tudo acaba sendo elegíaco. De algum modo, sentimos que cada um dos fatos narrados ocorre pela última vez. A época pastoril de nossa história ficou bem longe.

Morto, o *gaucho* sobrevive no sangue, em certas nostalgias obscuras ou demasiado públicas e na literatura que inspirou homens da cidade. Enumerei, no decurso deste prólogo, alguns livros; não gostaria de esquecer os de Hudson, que, nascido e criado no pampa, procurou o desterro para sentir melhor o que havia perdido.

El gaucho. Prefácio de J. L. B. Fotografias de René Burri. Texto de José Luis Lanuza. Buenos Aires: Muchnik Editores, 1968.

alberto gerchunoff

retorno a dom quixote

Triste e glacial imortalidade a que outorgam as efemérides, os dicionários e as estátuas; íntima e cálida a dos que perduram nas memórias, no comércio humano, protagonistas de histórias carinhosas e de frases felizes. Alberto Gerchunoff foi um indiscutível escritor, mas o estilo de sua fama transcende a de um homem de letras. Sem se propor isso e talvez sem sabê-lo, encarnou um tipo mais antigo: o daqueles mestres que viam na palavra escrita um mero sucedâneo da oral, não um objeto sagrado. Pitágoras desdenhou a escrita; Platão inventou o diálogo filosófico para esquecer os inconvenientes do livro, "que não responde às perguntas que lhe fazem"; Clemente de Alexandria opinou que escrever em um livro todas as coisas era como pôr uma espada nas mãos de uma criança; o adágio latino *Verba volant, scripta manent*,* em que agora se vê uma exortação a fixar com a pena os pensamentos, foi dito para prevenir o perigo dos testemunhos escritos. A esses exemplos não seria difícil acrescentar outros, judeus ou gentios. E eu nada disse do mais alto de todos os mestres orais, que

* "Palavras voam, escritos permanecem."

falava por parábolas e que, certa vez, como se não soubesse que as pessoas queriam apedrejar uma mulher, escreveu algumas palavras na terra, que ninguém leu.

Como Diderot, como o doutor Johnson, como aquele Heine a cuja memória ofereceu um livro emocionado, Alberto Gerchunoff manejou com igual felicidade a linguagem oral e escrita, e há em seus livros a fluidez do bom conversador, e em sua conversa (parece que o estou ouvindo) houve uma generosa e infalível precisão literária. Gerchunoff, tão inteligente, admirava menos a inteligência que a sabedoria; na Árvore mística do Zohar — a Árvore que também é um Homem, o Adam Kadmon — a sabedoria é a segunda esfera gloriosa da divindade; a inteligência vem depois. A sabedoria, dizem-nos, está no *Quixote* e na Bíblia; esses livros acompanharam nosso amigo em suas andanças pela terra, nos trens da morosa planície ou no convés do vapor, diante da alegria do mar.

Destino paradoxal o de Cervantes. Em um século e em um país de vaidoso artesanato retórico, atraiu-o o essencial do homem, seja como tipo, seja como indivíduo. Inventou e compôs o *Quixote*, que é o último livro de cavalaria e o primeiro romance psicológico das letras ocidentais; uma vez morto, reverenciaram-no como ídolo as pessoas que menos se parecem com ele, os gramáticos. Assombrados aldeões o veneraram por ele conhecer muitos sinônimos e muitos provérbios. Lugones, por volta de 1904, denunciou "aqueles que, não vendo senão na forma a suprema realização do *Quixote*, ficaram roendo a casca cujas rugosidades escondiam a fortaleza e o sabor"; Groussac, anos depois, condenou a aberração de cifrar "o milagre da obra-prima no sal grosso de seu estilo jocoso, e, naturalmente, nas bufonarias de Sancho"; Alberto Gerchunoff, agora, nestas pensativas páginas póstumas, medita sobre o íntimo do *Quixote*. Descobre e examina dois paradoxos, o de Voltaire, "que não estimava com excesso Miguel de Cervantes" e que, no entanto, foi quixotesco até o perigo em sua defesa de Calas e de Sirven, vítimas judiciais, e o de Juan Montalvo, homem devoto de Cervantes, valente e justo, mas que, estranhamente, não viu na história de Alonso Quijano outra coisa senão um melancólico museu de palavras arcaicas. Montalvo, anota Gerchunoff, "exercitou-se talentosamente em um esporte suntuoso da inteligência, sem se aproximar de Cervantes, inclassificável entre os escritores castiços, constrangidos à zelosa pureza verbal e à tradição gramaticalista da língua". Depois, em uma oração que mereceria ser famosa, fala das vozes forâneas e populares que Cervantes captou, "com ouvido de músico de rua".

Stevenson opinava que, se a um escritor falta o encanto, falta-lhe tudo; o que possuem, quase com insolência, estes ensaios.

ALBERTO GERCHUNOFF, *Retorno a Don Quijote*. Prólogo de J. L. B. Buenos Aires: Editorial Sudamericana, 1951.

edward gibbon
páginas de história e de autobiografia

Edward Gibbon nasceu nos arredores de Londres, no dia 27 de abril de 1737. Sua linhagem era antiga, mas não especialmente ilustre, embora algum antepassado seu tenha sido *marmorarius* ou arquiteto do rei no século XIV. Sua mãe, Judith Porten, parece tê-lo desatendido durante os anos desventurados de sua infância. A devoção de uma tia solteira, Catherine Porten, permitiu-lhe superar diversas e persistentes enfermidades. Gibbon depois a chamaria de verdadeira mãe de sua mente e de sua saúde; com ela aprendeu a ler e a escrever, tão precocemente que poderia esquecer seu aprendizado e quase acreditar que essas faculdades eram inatas. Aos sete anos adquiriu, à custa de algumas lágrimas e de muito sangue, um conhecimento rudimentar da sintaxe latina. As fábulas de Esopo, as epopeias de Homero, na majestosa versão de Alexander Pope, e *As mil e uma noites*, que Galland acabava de revelar à imaginação europeia, foram suas leituras preferidas. A essas magias orientais é preciso acrescentar outras do orbe clássico: as *Metamorfoses* de Ovídio, lidas no texto original.

Aos catorze anos recebeu, em uma biblioteca de Wiltshire, o primeiro chamado da história: um volume suplementar da história romana de Echard descobriu-lhe as vicissitudes do Império após a queda de Constantino. "Eu estava abstraído na travessia do Danúbio pelos godos, quando a sineta do jantar fez-me deixar, de má vontade, meu festim intelectual." Depois de Roma, o Oriente fascinou Gibbon, e ele frequentou a biografia de Maomé em versões francesas ou latinas de textos árabes. Da história passou, por gravitação natural, à geografia e à cronologia, e tentou conciliar, aos quinze anos, os sistemas de Escalígero e de Petávio, de Marsham e de Newton. Nessa época, ingressou na Universidade de Cambridge. Depois escreveria: "Não tenho por que reconhecer uma dívida imaginária para assumir o mérito de uma justa ou generosa retribuição". Sobre a antiguidade de Cambridge, observa: "Talvez algum dia eu tente um exame imparcial das fabulosas ou genuínas idades de nossas universidades irmãs, tema que inflamou tantas encarniçadas e néscias discussões entre seus fanáticos filhos. Limitemo-nos, por ora, a reconhecer que ambas as veneráveis instituições são o suficientemente velhas para acusar todos os preconceitos e achaques da decrepitude. Os professores" — diz ele — "tinham absolvido sua consciência da tarefa de ler, pensar ou escrever"; seu silêncio (não era obrigatório assistir às aulas) fez com que o jovem Gibbon ensaiasse por sua conta estudos teológicos. Uma leitura de Bossuet converteu-o à fé católica; acreditou, ou acreditou acreditar — diz —, na presença real de Cristo na Eucaristia. Um jesuíta batizou-o na fé romana. Gibbon enviou a seu pai uma longa epístola polêmica, "escrita com toda a pompa, dignidade e complacência de um mártir". Ser estudante de Oxford e ser católico eram estados incompatíveis; o jovem e fervoroso apóstata foi expulso pelas autoridades universitárias, e seu pai o enviou a Lausanne, então um baluarte do calvinismo. Hospedou-se na casa de um pastor protestante, o senhor Pavilliard, que ao fim de dois anos de diálogo o conduziu ao reto caminho. Gibbon passou cinco anos na Suíça; o hábito da língua francesa e a frequentação de suas letras foram o resultado mais importante desse período. A esses anos corresponde o único episódio sentimental registrado na biografia de Gibbon: seu amor por Mlle. Curchod, que depois foi mãe de Mme. de Staël. O senhor Gibbon proibiu epistolarmente o casamento: Edward "suspirou como amante, mas obedeceu como filho".

Em 1758, voltou à Inglaterra; sua primeira tarefa literária foi a formação gradual de uma biblioteca. Nem a ostentação nem a vaidade interferiram na compra dos volumes e, com o passar dos anos, pôde aprovar a tolerante máxima de Plínio, que diz que não há livro tão ruim que não encerre algo de bom.[1] Em 1761, apareceu sua primeira publicação, redigida em francês, que continuava sendo o idioma de sua intimidade. Intitulava-se *Essai sur l'étude de la littérature* e vindicava as letras clássicas, então um pouco desdenhadas pelos enciclopedistas. Gibbon nos diz que seu trabalho foi recebido na Inglaterra com fria indiferença, pouco lido e rapidamente esquecido.

Uma viagem à Itália, iniciada em abril de 1765, exigiu-lhe vários anos de leituras preliminares. Conheceu Roma; sua primeira noite na Cidade Eterna foi uma noite de insônia, como se já pressentisse e já o inquietasse o rumor dos

---

[1] Plínio, o Jovem, conservou essa generosa máxima de seu tio (Epístolas, 3, 5). É comum atribuí-la a Cervantes, que a repete na segunda parte do *Quixote*.

milhares de palavras que integrariam sua história. Em sua autobiografia, escreve que não pode esquecer nem expressar as fortes emoções que o agitaram. Foi nas ruínas do Capitólio, enquanto os frades descalços cantavam vésperas no Templo de Júpiter, que vislumbrou a possibilidade de escrever o declínio e a queda de Roma. De início, a vastidão da empresa intimidou-o, e optou por escrever uma história da independência da Suíça, obra que não terminaria.

Por essa época ocorreu um singular episódio. Os deístas, em meados do século XVIII, argumentavam que o Antigo Testamento não é de origem divina, já que suas páginas não ensinam que a alma é imortal nem registram uma doutrina de futuros castigos e recompensas. A despeito de algumas passagens ambíguas, a observação é justa; Paul Deussen, em seu *Philosophie der Bibel*, declara: "No início, os semitas não tiveram consciência alguma da imortalidade da alma. Essa inconsciência durou até os hebreus se relacionarem com os iranianos". Em 1737, o teólogo inglês William Warburton publicou um extenso tratado, que se intitula *The Divine Legation of Moses*, no qual, paradoxalmente, alega-se que a omissão de toda referência à imortalidade é um argumento em favor da autoridade divina de Moisés, que sabia ser o enviado do Senhor e não precisava recorrer a prêmios ou castigos sobrenaturais. O argumento era engenhoso, mas Warburton previu que os deístas iriam opor-lhe o paganismo grego, que tampouco ensinou futuros castigos e recompensas e que, no entanto, não era divino. Para salvar sua tese, Warburton resolveu atribuir um sistema de prêmios e de penas ultraterrenas à religião grega e sustentou que estes eram revelados nos mistérios eleusinos. Deméter havia perdido sua filha

Perséfone, roubada por Hades, e, depois de anos vagando pelo mundo inteiro, encontrou-a em Elêusis. Tal é a origem mítica dos ritos; estes, que de início foram agrários — Deméter é deusa do trigo —, simbolizaram depois, por uma espécie de metáfora análoga à que usaria São Paulo (é assim, também, a ressurreição dos mortos; semeia-se em corrupção, levantar-se-á em incorrupção), a imortalidade. Perséfone renasce dos reinos subterrâneos de Hades; a alma renascerá da morte. A lenda de Deméter consta em um dos hinos homéricos, em que se lê também que o iniciado será feliz depois da morte. Warburton, pois, parece ter tido razão naquele trecho de sua tese que se refere ao sentido dos mistérios; isso não ocorre em outra que ele acrescentou como uma espécie de luxo e que o jovem Gibbon censurou. O sexto livro da *Eneida* narra a viagem do herói e da Sibila às regiões infernais; Warburton conjeturou que representava a iniciação de Eneias como legislador nos mistérios de Elêusis. Eneias, realizado seu descenso ao Averno e aos Campos Elísios, sai pela porta de marfim, que corresponde aos sonhos vãos, não pela de chifre, que é a dos sonhos proféticos; isso pode significar que o inferno é fundamentalmente irreal, ou que o mundo a que regressa Eneias também o é, ou que Eneias, indivíduo, é um sonho, como talvez nós o sejamos. O episódio inteiro, segundo Warburton, não é ilusório, mas mímico. Virgílio teria descrito nessa ficção o mecanismo dos mistérios; para apagar ou mitigar a infidelidade assim cometida teria feito o herói sair pela porta de marfim, que, conforme já se disse, corresponde às falsidades. Sem essa chave, resulta inexplicável que Virgílio sugira ser apócrifa uma visão que profetiza a grandeza de Roma. Gibbon, em um trabalho anônimo de 1770, argumentou que, se Virgílio não fora iniciado, não podia revelar o que não vira, e, se o haviam iniciado, tampouco, já que essa revelação teria constituído (para o sentimento pagão) uma profanação e uma infâmia. Aqueles que traíam o segredo eram condenados à morte e crucificados publicamente; a justiça divina podia antecipar-se a essa decisão, e era temerário viver sob o mesmo teto que o miserável a quem se atribuía esse crime. Essas *Critical Observations* de Gibbon foram seu primeiro exercício de prosa inglesa, assinala Cotter Morrison, e talvez o mais claro e o mais direto. Warburton optou pelo silêncio.

A partir de 1768, Gibbon dedicou-se às tarefas preliminares de sua empreitada; sabia, quase de memória, os clássicos, e então leu ou releu, de pena em punho, todas as fontes originais da história romana, de Trajano até o último César do Ocidente. Sobre esses textos lançou, para repetir suas próprias palavras, "os raios subsidiários de medalhas e inscrições, da geografia e da cronologia".

Sete anos exigiu-lhe a redação do primeiro volume, que apareceu em 1776 e esgotou-se em poucos dias. A obra motivou felicitações de Robertson e de Hume, e o que Gibbon chamaria de quase uma biblioteca de polêmica. "A primeira descarga da artilharia eclesiástica" (transcrevem-se aqui suas próprias palavras) aturdiu-o, mas não demorou a sentir que esse inútil fragor só era nocivo no propósito, e replicou desdenhosamente a seus contraditores. Referindo-se a Davies e a Chelsum, diz que uma vitória sobre tais antagonistas era humilhação suficiente.

Dois volumes subsequentes de *Declínio e queda* apareceram em 1781; sua matéria era histórica, não religiosa, e não suscitaram controvérsias, mas foram lidos, afirma Rogers, com silenciosa avidez. A obra foi concluída em Lausanne em 1783. Os três últimos volumes datam de 1788.

Gibbon foi membro da Câmara dos Comuns; sua atuação política não merece maior comentário. Ele mesmo confessou que sua timidez incapacitou-o para os debates e que o sucesso de sua pena desalentou os esforços de sua voz.

A redação de sua autobiografia ocupou os anos finais do historiador. Em abril de 1793, a morte de Lady Sheffield determinou seu regresso à Inglaterra. Gibbon morreu sem agonia em 15 de janeiro de 1794, ao fim de uma breve enfermidade. As circunstâncias de sua morte estão relatadas no ensaio de Lytton Strachey.

É arriscado atribuir imortalidade a uma obra literária. Esse risco se agrava se a obra é de índole histórica e foi redigida séculos depois dos acontecimentos que estuda. No entanto, se decidimos esquecer alguns maus humores de Coleridge, ou alguma incompreensão de Sainte-Beuve, o consenso crítico da Inglaterra e do continente concedeu, durante cerca de duzentos anos, o título de clássica à história do *Declínio e queda do Império Romano*, e sabe-se que esse qualificativo inclui a conotação de imortalidade. As próprias deficiências, ou, se preferirmos, abstenções de Gibbon, são favoráveis à obra. Se ela tivesse sido escrita em função desta ou daquela teoria, a aprovação ou desaprovação do leitor dependeriam do juízo que a tese pudesse merecer-lhe. Este não é, certamente, o caso de Gibbon. Além daquela prevenção contra o sentimento religioso, em geral, e contra a fé cristã, em particular, que declara em certos famosos capítulos, Gibbon parece abandonar-se aos fatos que narra e reflete-os com uma divina inconsciência que o assemelha ao cego destino, ao próprio curso da história. Como quem sonha e sabe que sonha, como quem condescende aos acasos e às trivialidades de um sonho, Gibbon, em seu século XVIII, voltou a sonhar o que viveram ou sonharam os homens de ciclos anteriores, nas muralhas de Bizâncio ou nos desertos árabes. Para construir sua obra, teve de compulsar e resumir centenas de textos heterogêneos; é mais gratificante, sem dúvida, ler seu compêndio irônico que perder-se nas fontes originais de obscuros ou inacessíveis cronistas. O bom-senso e a ironia são hábitos de Gibbon. Tácito louva a reverência dos germanos, que não encerraram seus deuses entre paredes e não se atreveram a figurá-los em madeira ou em mármore; Gibbon limita-se a observar que mal podiam ter templos ou estátuas aqueles que mal possuíam choças. Em vez de escrever que não há nenhuma confirmação dos milagres divulgados pela Bíblia, Gibbon censura a imperdoável distração daqueles pagãos que, em seus longos catálogos de prodígios, nada nos dizem da lua e do sol, que detiveram seu curso durante todo um dia, ou do eclipse e do terremoto que acompanharam a morte de Jesus.

De Quincey escreve que a história é uma disciplina infinita, ou, ao menos, indefinida, já que os mesmos fatos podem ser combinados, ou interpretados, de muitos modos. Essa observação data do século XIX; a partir daí, as interpretações cresceram sob o influxo da evolução da psicologia, e exumaram-se culturas e civilizações insuspeitadas. No entanto, a obra de Gibbon continua incólume, e é verossímil conjecturar que não será tocada pelas vicissitudes do futuro. Duas causas colaboram para essa perduração. A primeira, e talvez a mais importante, é de ordem estética;

fundamenta-se no encanto, que, segundo Stevenson, é a imprescindível e essencial virtude da literatura. A outra razão estaria fundamentada no fato, talvez melancólico, de que com o correr do tempo o historiador se transforma em história, e não só nos importa saber como era o acampamento de Átila, mas também como ele podia ser imaginado por um cavalheiro inglês do século XVIII. Houve épocas em que se liam as páginas de Plínio em busca de precisões; hoje as lemos em busca de maravilhas, e essa mudança não vulnerou a sorte de Plínio. Para Gibbon esse dia ainda não chegou, e não sabemos se vai chegar. Cabe supor que Carlyle ou qualquer outro historiador romântico esteja mais longe de nós do que Gibbon.

Pensar em Gibbon é pensar em Voltaire, a quem tanto leu e de cujas aptidões teatrais deixou-nos um juízo nada entusiasta. Compartilham um mesmo desdém pelas religiões ou superstições humanas, mas sua conduta literária é bem diversa. Voltaire empregou seu extraordinário estilo para manifestar ou sugerir que os fatos da história são perecíveis; Gibbon não tem melhor opinião sobre os homens, mas suas ações o atraem como um espetáculo, e utiliza essa atração para entreter e fascinar o leitor. Nunca participa das paixões que moveram as idades pretéritas, considerando-as com uma incredulidade que não exclui a indulgência e, talvez, a pena.

Percorrer o *Declínio e queda* é internar-se e venturosamente perder-se em um populoso romance, cujos protagonistas são as gerações humanas, cujo teatro é o mundo e cujo enorme tempo mede-se por dinastias, por conquistas, por descobrimentos e pela mutação de línguas e de ídolos.

EDWARD GIBBON, *Páginas de historia y de autobiografía*. Seleção e prólogo de J. L. B. Buenos Aires: Facultad de Filosofía y Letras, Departamento de Lenguas y Literaturas Modernas, 1961.

roberto godel
nascimento do fogo

Um livro (creio) deve se bastar. Uma convenção editorial requer, no entanto, que o preceda algum estímulo em letra cursiva, que corre o risco de assemelhar-se a essa outra indispensável página em branco que precede o falso frontispício. Com a insegura autoridade que nos dá despachar um prólogo, arrisco, pois, as solicitações seguintes.

A primeira é esquecer o inútil debate de antigos e modernos. Lugones, poeta não indigno de recordar Hugo, crítico mais afeito à intimidação que à persuasão, simplificou até o monstruoso nossos debates literários. Postulou uma diferença moral entre o recurso de marcar as pausas com rimas e o de omitir esse artifício. Decretou luz aos que exercem a rima, sombra e perdição aos outros. Pior ainda: impôs essa ilusória simplificação a seus contendores, *quorum pars parva fui*.* Estes, longe de repudiar esse maniqueísmo auditivo, adotaram-no com fervor, invertendo-o. Negam o dogma da justificação pela rima e mesmo pelo assonante, para instaurar o de justificação pelo caos. Daí a conveniência de repetir, em nossa Buenos Aires, que o fato

---

* "De que fui pequena parte."

de rimar ou não rimar talvez não esgote a definição de um poeta. Roberto Godel rima com ansioso rigor: isso não basta para classificá-lo como atual ou antiquado.

Outra tentação, quase inevitável, espreita em sua notória complexidade. A consabida insipidez da poesia espanhola, cuja história não admite mais escândalo que o promovido há trezentos anos por Luis de Góngora, faz com que tudo que é complexo se vincule a esse nome. Godel não eludirá esse destino. Sua agitação romântica não deixará de ser identificada com as hipérboles mecânicas do "precursor" — homem de tão atrofiada imaginação que certa vez zomba de um auto de fé provinciano, que se limitava a um único queimado vivo. Góngora, como Oliver Twist, queria mais. A represenção consta em um de seus sonetos...

Este *Nacimiento del fuego* registra, em versos memoráveis, o do amor: época de terríveis esperanças e de incertezas gloriosas. Leões, estrelas, sangue derramado, metais — todo o antigo, o concreto e o esplêndido — formam o natural vocabulário desta poesia; que se sabe tão estranha e tão verdadeira quanto os símbolos poderosos que invoca. O mundo externo penetra imensamente em suas linhas, mas sempre como adjetivo da paixão. Apaixonar-se é produzir uma mitologia particular — *a private mythology* — e fazer do universo uma alusão à única pessoa indubitável. A luz, para um escritor místico, não era senão a sombra de Deus. Shakespeare distraía-se com as rosas, imaginando-as uma sombra de seu distante amigo.

Minha amizade com Roberto Godel é longa no tempo. Em nossa comum Buenos Aires, no deserto crasso e chacareiro do Pampa Central, em um jardim mediterrâneo no Pampa, em outros menos surpreendentes jardins dos povoados do Sul, conheci muitos dos versos publicados aqui. Difundi-os oralmente; comemorei-os com lentidão, sob as peculiares estrelas deste hemisfério. Sei que também vão se dar bem contigo, necessário, ainda que invisível, leitor.

ROBERTO GODEL, *Nacimiento del fuego*. Prólogo de J. L. B. Buenos Aires: Francisco A. Colombo, 1932.

Pós-escrito de 1974

Ao fim de meio século, quase não se passa um dia sem que eu recorde este verso:

Corceles exquisitos y ruedas de silencio.*

Invencivelmente, segue-o na memória a inesgotável e tênue estrofe de Jaimes Freyre:

Peregrina paloma imaginaria
que enardeces los últimos amores;
alma de luz, de música y de flores,
peregrina paloma imaginaria.**

---

* "Corcéis briosos e rodas de silêncio."
** Peregrina paloma imaginária/ que avivas os últimos amores;/ alma de luz, de música e de flores,/ peregrina paloma imaginária.

carlos m. grünberg
mester de judiaria

Por volta de 1831, Macaulay, o imparcial Macaulay, improvisou uma história fantástica. Essa invenção (cujo esboço suficiente perdura no segundo tomo dos *Ensaios*) narra os excessos e os tormentos, as prisões, os desterros e os ultrajes que se encarniçaram, em todas as nações da Europa, sobre as pessoas de cabelo vermelho. No fim de alguns séculos ensanguentados, não há quem não afirme que as vítimas desse tratamento implacável não são verdadeiros patriotas, acusando-as de se sentirem mais achegadas a qualquer forasteiro ruivo que aos morenos e aos loiros do bairro. Os ruivos não são ingleses, os ruivos não poderão ser ingleses, alegam os fanáticos; a natureza o proíbe, a experiência o prova. Previsivelmente, a perseguição modificou os perseguidos, engendrando cismas recíprocos... Por que prosseguir? A cristalina parábola de Macaulay é uma transcrição da realidade: o antissemita Adolf Hitler manda na Europa e tem imitadores aqui.

Nas lúcidas páginas deste livro, Grünberg refuta com poderosa paixão os mitos e falácias que esse impostor e seus prosélitos pregaram ao mundo. Apesar do patíbulo e da forca, apesar da fogueira inquisitorial e do revólver nazista, apesar dos crimes que entesoura uma diligência de séculos, o antissemitismo não se livra de ser ridículo. Em Buenos Aires o é ainda mais que em Berlim. Na Alemanha, cuja língua literária baseia-se na versão de textos hebreus legados por Lutero, Hitler não faz outra coisa senão exacerbar um ódio preexistente: o antissemitismo argentino vem a ser um fac-símile desatinado que ignora o étnico e o histórico. Em certa nota do admirável estudo *Rosas y su tiempo*, Ramos Mejía enumerou os principais sobrenomes da época. Além dos de origem basca, são todos de cepa judaico-portuguesa: Pereyra, Ramos, Cueto, Sáenz Valiente, Acevedo, Piñero, Fragueiro, Vidal, Gómez, Pintos, Pacheco, Pereda, Rocha.

Os poemas que tenho o prazer de prologar declaram a honra e a dor de ser judeu no perverso mundo inacreditável de 1940. Há escritores que se importam com a forma; outros, com o que uma metáfora ruim, mas inevitável, chama de fundo. Exemplo de formalistas são Góngora e também o improvisador de botequim, que admite qualquer verso com (mais ou menos) umas oito sílabas... As páginas cabais burlam essa distinção habitual; nelas a forma é fundo, e vice-versa. É o caso de muitas neste livro: de "Judezno", de "Sabat", de "Circuncisión"...

Grünberg, poeta, é inconfundivelmente argentino. Isso não significa que trafegue em ninhos de condores ou em umbuzeiros nem que em sua estrofe seja frequente o general Rosas: melancólica imagem da Pátria. Significa um vocabulário determinado, certos costumes sintáticos e prosódicos, um modo explícito que não é o modo interjetivo, alarmado, dos poetas espanhóis de ontem e de hoje.

Singularmente original é o conceito de rima que declaram os poemas de Grünberg. Em sua monografia sobre a rima (*Der Reim*, 1891), Sigmar Mehring anota que a versificação espanhola costuma abusar de certas desinências inexpressivas: *ido, ado, oso, ente, ando*... Assim, Lope de Vega:

> *Sentado Endimión al pie de Atlante,*
> *enamorado de la luna hermosa,*
> *dijo con triste voz y alma celosa:*
> *en tus mudanzas, ¿quién será constante?*
>
> *Ya creces en mi fe, ya estás menguante,*
> *ya sales, ya te escondes desdeñosa,*
> *ya te muestras serena, ya llorosa,*
> *ya tu epiciclo ocupas arrogante...**

E três séculos depois, Juan Ramón Jiménez:

> *Se entró mi corazón en esta nada,*
> *como aquel pajarillo que, volando*
> *de los niños, se entró, ciego y temblando,*
> *en la sombría sala abandonada.*
>
> *De cuando en cuando, intenta una escapada*
> *a lo infinito, que lo está engañando*

---

* Sentado Endímion ao pé de Atlante,/ apaixonado pela lua formosa,/ disse com triste voz e alma zelosa:/ em tuas mudanças, quem será constante?// Já cresces em minha fé, já estás minguante,/ já sais, já te escondes desdenhosa,/ já te mostras serena, já chorosa, já teu epiciclo ocupas arrogante...

por su ilusión; duda, y se va, piando,
del vidrio a la mentira iluminada...*

Góngora, Quevedo, Torres Villarroel e Lugones famosamente utilizaram o que o último deles chama de "rima numerosa e variada";[1] mas limitaram seu emprego a composições grotescas ou satíricas. Grünberg, ao contrário, prodiga-a com valor e felicidade em composições patéticas. Por exemplo:

Cortó el sobejo filisteo
para trocártelo en hebreo.

Cortó el sobejo porque eres
Judá ben Sion y no Juan Pérez.**

---

* Adentrou meu coração por esse nada,/ como o pássaro cego que, voando/ dos meninos, adentrou, tiritando,/ pela sombria sala abandonada.// De quando em quando, tenta a escapada/ para o infinito, que o está enganando/ em sua ilusão; duvida, e parte, piando,/ do vidro à mentira iluminada...

[1] *Lunario sentimental*, 1909. Nas páginas iniciais, Lugones rima: *náyade — haya de*; *orla — por la*; *petróleo — mole o*. Heine, em alguma estrofe dos *Zeitgedichte*, usa o mesmo artifício: *In der Fern'hör ich mit Freude — Wie man voll von deinem Lob ist — Und wie du der Mirabeau bist — Von der Lüneburger Heide*. Browning é quase inesgotável em tais invenções: *monkey — one key*; *person — her son*; *paddock — ad hoc*; *circle — work ill*; *sky — am I*; *Balkis — small kiss*; *pardon — hard on*; *kitchen — rich in*; *issue — wish you*; *Priam — I am*; *poet — know it*; *honour — upon her*; *bishop — wish-shop*; *Tithon — scythe on*; *insipid ease — Euripides...* Há enlaces análogos no *Hudibras*; em algum soneto satírico de Milton; no *Don Juan* de Byron. Rafael Cansinos Assens, em uma das noites do outono de 1920, rimou *Buscarini — y ni*.

** Cortou o sobejo filisteu/ para transformá-lo em hebreu.// Cortou o sobejo porque tu és/ Judá ben Sion e não Juan Pérez.

Ou:

En un lejano pogrom
le degollaron al hijo,
del que una noche me dijo:
"¡Era un gallardo Absalom!"*

Como todos os livros importantes, este de Carlos M. Grünberg o é por diversas razões. Primeiro, como documento legível e lúcido deste aziago "tempo de lobos, tempo de espadas", cuja bárbara sombra continental — e talvez planetária — vastamente paira sobre nós. Depois, por sua precisão e por seu fervor, por sua álgebra e por seu fogo, pela harmoniosa convivência contínua da destreza métrica e da delicada paixão. E, ainda, pela alma irônica e briosa que declaram suas páginas.

Talvez o erro mais óbvio deste volume seja a ostentação de palavras que só vivem nas colunas do *Diccionario de la Academia*.

Neste século que não costuma perceber outro afago que o da incoerência parcial, neste século em que o poema quer se parecer com o encantamento e o poeta com o febril ou com o bruxo, Grünberg tem o valor de propor uma lírica sem mistério. A limpidez é hábito de Israel: recordemos Heinrich Heine; recordemos, no palavroso século XIV, as coplas do rabi Dom Sem Tob, "judeu de Carrión"...

---

* Em um remoto *pogrom*/ seu filho foi degolado,/ a quem uma noite havia chamado/ de "um galhardo Absalom!".

Meus cumprimentos a Grünberg e a seus leitores.

CARLOS GRÜNBERG, *Mester de judería*. Prólogo de J. L. B. Buenos Aires: Editorial Argirópolis, 1940.

francis bret harte
esboços californianos

As datas são para o esquecimento, mas fixam os homens no tempo e trazem multiplicadas conotações.

Como quase todos os escritores de seu país, Francis Bret Harte nasceu no Leste. O fato ocorreu em Albany, capital do estado de Nova York, no dia 25 de agosto de 1836. Tinha dezoito anos quando empreendeu sua viagem à Califórnia, onde alcançou a fama, e que hoje está ligada a seu nome. Ensaiou as tarefas do mineiro e do jornalista. Parodiou poetas hoje esquecidos e redigiu os contos que compõem este volume, e que não superaria depois. Apadrinhou Mark Twain, que logo esqueceria sua bondade. Foi cônsul dos Estados Unidos em Krefeld, Prússia, e em Glasgow, Escócia. Morreu em Londres em 1902.

A partir de 1870, praticamente só se plagiou, perante a indiferença ou indulgência dos leitores.

A observação confirma esta melancólica lei: para render justiça a um escritor é preciso ser injusto com outros. Baudelaire, para exaltar Poe, rejeita peremptoriamente Emerson (que, como artífice, é bastante superior àquele); Lugones, para exaltar Hernández, nega aos outros escritores gauchescos todo conhecimento do *gaucho*;

Bernard de Voto, para exaltar Mark Twain, escreveu que Bret Harte era "um impostor literário" (*Mark Twain's America*, 1932). Também Lewisohn, em seu *The Story of American Literature*, trata Bret Harte com certo desdém. A *razão*, suponho, é de ordem histórica: a literatura norte-americana de nosso tempo não quer ser sentimental e repudia todo escritor que seja suscetível desse epíteto. Descobriu que a brutalidade pode ser uma virtude literária; comprovou que no século XIX os americanos do Norte eram incapazes dessa virtude. Feliz ou infelizmente incapazes. (Nós, não: nós já podíamos exibir "La refalosa", de Ascasubi, "El matadero", de Esteban Echeverría, o assassinato do Moreno no *Martín Fierro* e as monótonas cenas atrozes que Eduardo Gutiérrez despachava com profusão...) Em 1912, observou John Macy: "Nossa literatura é idealista, melindrosa, débil, adocicada... O Ulisses de grandes rios e de perigosos mares é especialista em estampas japonesas. O veterano da Guerra de Secessão compete vitoriosamente com a senhorita Marie Corelli. O curtido conquistador de desertos desata a cantar, e em seu cantar há uma rosa e um pequeno jardim". Tal propósito de não ser piegas e de ser, se Deus quiser, brutal teve duas consequências: o auge dos *hard-boiled writers* (Hemingway, Caldwell, Farrell, Steinbeck, James Cain) e a depreciação de muitos escritores medíocres e de alguns bons, Longfellow, Dean Howell, Bret Harte.

É claro que essa polêmica não diz respeito a nós, americanos do Sul. Padecemos de onerosos e talvez irreparáveis defeitos, mas não do defeito de sermos românticos. Creio, sinceramente, que podemos frequentar Bret Harte, e o mais tenaz e nebuloso dos alemães, sem maior risco de uma contaminação indelével. Creio, também, que o romantismo de Harte não comporta um falseamento. Diferentemente de outras doutrinas, o romantismo foi muito mais que um estilo pictórico ou literário; foi um estilo vital. Sua história pode prescindir das obras de Byron, mas não de sua vida tumultuada e de sua morte resplandecente. O destino dos heróis de Victor Hugo abusa da inverossimilhança; também abusou dela o destino do tenente de artilharia Bonaparte. Se Bret Harte foi romântico, também o foi a realidade que suas narrativas historiam: o fundo continente que abarcou tantas mitologias, o continente das marchas de Sherman e da poligâmica teocracia de Brigham Young, do ouro ocidental e dos bisões detrás dos poentes, dos ansiosos labirintos de Poe e da grande voz de Walt Whitman.

Francis Bret Harte percorreu as jazidas californianas por volta de 1858. Aqueles que o acusam de não ter sido assiduamente mineiro esquecem que, se o tivesse sido, talvez não tivesse sido escritor, ou teria preferido outros temas, já que a matéria muito familiar costuma não ser estimulante.

As narrativas que integram este volume foram publicadas originalmente no *Overland Monthly*. Em princípios de 1869, Dickens leu uma delas, a irresistível, a talvez imorredoura "Outcasts of poker flat". Descobriu no estilo de sua escrita alguma afinidade com o seu, mas elogiou profusamente "os finos toques de caráter, o frescor do tema, a execução magistral, a milagrosa realidade do conjunto" (John Forster: *The Life of Charles Dickens*, II, 7). Não faltaram, então e depois, outros testemunhos admirativos. Há o do humanista Andrew Lang, que, em um exame das fontes do primeiro Kipling (*Essays in Little*, 1891), limita-as a Gyp ou a Bret Harte; há o muito significativo de Chesterton, que nega, no entanto, que em seu trabalho haja algo peculiarmente americano.

Menos inútil que a discussão desse juízo parece-me a comprovação de uma faculdade que Bret Harte compartilha com Chesterton e Stevenson: a invenção (e a enérgica fixação) de memoráveis traços visuais. Talvez o mais estranho e feliz seja este que li aos doze anos e que me acompanhará, sei disso, até o fim do caminho: a branca e preta carta de baralho cravada pela firme navalha no tronco da árvore monumental, sobre o cadáver de John Oakhurst, taful.

FRANCIS BRET HARTE, *Bocetos californianos*. Nota preliminar de J. L. B. Buenos Aires: Emecé Editores, Biblioteca Emecé de Obras Universales, 1946.

pedro henríquez ureña
obra crítica

Como naquele dia do outono de 1946, em que bruscamente soube de sua morte, volto a pensar no destino de Pedro Henríquez Ureña e nos singulares traços de seu caráter. O tempo define, simplifica e, sem dúvida, empobrece as coisas; o nome de nosso amigo sugere agora palavras como *mestre da América* e outras congêneres. Vejamos, pois, o que essas palavras encerram.

    Evidentemente, mestre não é quem ensina fatos isolados ou quem se aplica à tarefa mnemônica de aprendê-los e repeti-los, porque em tal caso uma enciclopédia seria melhor mestre que um homem. Mestre é quem ensina, com o exemplo, um modo de tratar as coisas, um estilo genérico de enfrentar-se com o incessante e vário universo. O ensino dispõe de muitos meios; a palavra direta é apenas um deles. Quem tenha percorrido com fervor os diálogos socráticos, as *Analectas* de Confúcio ou os livros canônicos que registram as parábolas e sentenças de Buda ter-se-á sentido frustrado mais de uma vez; a obscuridade ou a trivialidade desse ou daquele preceito, piedosamente recolhido pelos discípulos, poderá parecer-lhe incompatível com a fama dessas palavras, que ressoaram, e continuam ressoando, no côncavo do espaço e do tempo. (Que eu me lembre, os Evangelhos oferecem-nos a única exceção a essa regra, da qual certamente não se salvam as conversas de Goethe ou de Coleridge.) Indaguemos a solução dessa discórdia. Ideias que estão mortas no papel foram alentadoras e vividas para os que as ouviram e conservaram, porque por trás delas, e em torno delas, havia um homem. Aquele homem e sua realidade as impregnavam. Uma entonação, um gesto, um rosto, davam--lhe uma virtude que hoje perdemos. Cabe aqui recordar o caso histórico ou simbólico do judeu que foi ao povoado de Mezeritz não para ouvir o pregador, mas para ver de que modo este amarrava os sapatos. Evidentemente, tudo era exemplar naquele mestre, até os atos cotidianos. Martin Buber, a quem devemos esse episódio singular, fala de mestres que não só expunham a Lei, mas que eram a Lei. De Pedro Henríquez Ureña, sei que não era homem de muitas palavras. Seu método, como o de todos os mestres genuínos, era indireto. Bastava sua presença para a discriminação e o rigor. Vêm-me à memória alguns exemplos do que poderíamos chamar de sua "maneira abreviada". Alguém — talvez eu — incorreu na leviandade de perguntar-lhe se não lhe desagradavam as fábulas, e ele respondeu com simplicidade: "Não sou inimigo dos gêneros". Um poeta de cujo nome não quero lembrar-me, Leopoldo Marechal, declarou polemicamente que certa versão literal dos poemas de Verlaine era superior ao texto francês, por carecer de metro e de rima. Pedro limitou-se a copiar essa desaforada opinião e a acrescentar as suficientes palavras: "Na verdade...". Impossível corrigir com mais cortesia. O dilatado andar por terras estranhas, o hábito do desterro, tinham-lhe aperfeiçoado essa virtude. Alfonso Reyes narrou alguma inocente distraída irregularidade de seus anos moços; quando o conheci, em 1925, já procedia com cautela. Raras vezes condescendia com a censura de homens ou de pareceres equivocados; ouvi-o afirmar que é desnecessário fustigar o erro, porque este por si só se arruína. Gostava de elogiar; sua memória era um preciso museu das literaturas. Dias atrás, encontrei em um livro um cartão no qual anotara, de memória, uns versos de Eurípides, curiosamente traduzidos por Gilbert Murray; deve ter sido nessa época que ele disse algo sobre a arte de traduzir, que com o correr dos anos eu repensei e tive por meu, até que a citação de Murray (*"With the stars from the windwoven rose"*) lembrou-me sua origem e a ocasião que o inspirou.

Ao nome de Pedro (assim ele gostava de ser chamado pelos amigos) vincula-se também o nome da América. Seu destino preparou, de algum modo, essa vinculação; é verossímil pensar que Pedro, no início, enganou sua nostalgia da terra dominicana supondo-a província de uma pátria maior. Com o tempo, as verdadeiras e secretas afinidades que as repúblicas do continente lhe revelaram fortaleceram a suspeita. Uma vez foi preciso opor as duas Américas — a saxônia e a hispânica — ao Velho Mundo; outra, as repúblicas americanas e a Espanha à república do Norte. Não sei se tais unidades existem nos dias de hoje; não sei se muitos argentinos ou mexicanos são, também, americanos, para além da assinatura de uma declaração ou das efusões de um brinde. Dois acontecimentos históricos contribuíram, no entanto, para fortalecer nosso sentimento de uma unidade racial ou continental. Primeiro, as emoções da guerra espanhola, que afiliaram todos os americanos a um ou outro bando; depois, a longa ditadura que demonstrou, contra as vaidades locais, que não estamos isentos, por certo, do doloroso e comum destino da América. Em que pese o anterior, o sentimento de americanidade ou de hispano-americanidade continua sendo esporádico. Basta que uma conversa inclua os nomes de Lugones e Herrera ou de Lugones e Darío para que se revele imediatamente a enfática nacionalidade de cada interlocutor.

Para Pedro Henríquez Ureña, a América chegou a ser uma realidade; as nações não são outra coisa que atos de fé, e, assim como ontem pensávamos em termos de Buenos Aires ou de tal ou qual província, amanhã pensaremos em termos de América e, algum dia, do gênero humano. Pedro sentiu-se americano e, mesmo, cosmopolita, no primitivo e justo sentido dessa palavra, que os estoicos cunharam para manifestar que eram cidadãos do mundo e que os séculos rebaixaram a sinônimo de turista ou de aventureiro internacional. Creio não estar enganado ao afirmar que, para ele, nada teria representado a alternativa *Roma ou Moscou*; havia superado tanto o credo cristão quanto o materialismo dogmático, passível de ser definido como um calvinismo sem Deus, que substitui a predestinação pela causalidade. Pedro frequentara as obras de Bergson e de Shaw, que declaram a primazia de um espírito que não é, como o Deus da tradição escolástica, uma pessoa, mas todas as pessoas e, em grau diverso, todos os seres.

Sua admiração não se maculava de idolatria. Admirava *this side idolatry*, segundo a norma de Ben Jonson; era muito devoto de Góngora, cujos versos viviam em sua memória, mas, quando alguém quis elevá-lo ao nível de

Shakespeare, Pedro citou aquele juízo de Hugo em que se afirma que Shakespeare inclui Góngora. Lembro-me de tê-lo ouvido falar que muitas coisas ridicularizadas em Hugo veneram-se em Whitman. Entre suas preferências inglesas figuravam, em primeiro lugar, Stevenson e Lamb; a exaltação do século XVIII promovida por Eliot e sua reprovação dos românticos pareceram-lhe manobra publicitária ou arbitrariedade. Observara que cada geração estabelece, um pouco ao acaso, sua escala de valores, acrescentando alguns nomes e omitindo outros, não sem escândalo e vitupério, e que depois de certo tempo a ordem anterior é tacitamente restabelecida.

Quero rememorar outro diálogo, de uma noite qualquer, em uma esquina da rua Santa Fe ou da rua Córdoba. Eu citara uma página de De Quincey, na qual se escreve que o medo de uma morte súbita foi uma invenção ou inovação da fé cristã, temerosa de que a alma do homem tivesse de comparecer bruscamente ante o Divino Tribunal, carregada de culpas. Pedro repetiu com lentidão o terceto da *Epístola moral*:

¿*Sin la templanza viste tú perfeta*
alguna cosa? ¡Oh muerte, ven callada
como sueles venir en la saeta!*

Desconfiou que essa invocação, de sentimento puramente pagão, fosse tradução ou adaptação de uma passagem latina. Depois lembrei, ao voltar para casa, que

---

* Sem temperança, viste tu perfeita/ alguma coisa? Ó morte, vem calada,/ assim como costumas vir na seta!

morrer sem agonia é uma das felicidades que a sombra de Tirésias promete a Ulisses, no undécimo livro da *Odisseia*, mas não pude dizer isso a Pedro, porque poucos dias depois ele morreu bruscamente em um trem, como se alguém — o Outro — estivesse nos ouvindo naquela noite.

Gustav Spiller escreveu que as lembranças que setenta anos de vida deixam em uma memória normal abarcariam, evocadas em ordem, dois ou três dias; eu, ante a morte de um amigo, comprovo que o recordo com intensidade, mas que os fatos ou episódios que me é dado comunicar são muito poucos. As notícias de Pedro Henríquez Ureña que estas páginas dão já as dei, porque não há outras a meu alcance, mas sua imagem, que é incomunicável, perdura em mim e continuará melhorando-me e ajudando-me. Essa pobreza de fatos e essa riqueza de gravitação pessoal corroboram, talvez, o que já se disse sobre o sentido secundário das palavras e sobre o imediato magistério de uma presença.

PEDRO HENRÍQUEZ UREÑA, *Obra crítica*. Prólogo de J. L. B. México/ Buenos Aires: Fondo de Cultura Económica/ Biblioteca Americana, 1960.

josé hernández
*martín fierro**

I

Até hoje, todas as biografias de José Hernández procederam da que se inclui no livro *Pehuajó. Nomenclatura de las calles; breve noticia de los poetas argentinos que en ellas se conmemoran*, publicado em 1896 por seu irmão Rafael. Deste havia partido a iniciativa de dar nomes de poetas às ruas; o ostensivo propósito do opúsculo era explicar aos habitantes de Pehuajó essa nomenclatura um tanto anormal. Dos artigos que integram o livro, o mais efusivo e copioso é, previsivelmente, o dedicado a nosso poeta.

Hernández nasceu no município de San Isidro (província de Buenos Aires), em 10 de novembro de 1834. Era filho de dom Rafael Hernández e de Isabel Pueyrredón. Ezequiel Martínez Estrada surpreende-se de que ele não assinasse Hernández Pueyrredón, optando por ser, de modo quase anônimo, José Hernández; o fato é que, naquela época, os sobrenomes duplos eram incomuns. O crescente

---

* Jorge Luis Borges prologou três edições do poema *Martín Fierro*, de José Hernández. [Nota do editor argentino.]

e despovoado país exigia (como ocorreu em toda a América) que cada um de seus homens trabalhasse como muitos; Hernández foi estancieiro, soldado, taquígrafo, jornalista, professor de gramática, polemista, agente de compra e venda de terras, livreiro, senador e vagamente militar nas discórdias civis da época. Morreu em sua Quinta San José, no bairro de Belgrano, em 21 de outubro de 1886.

Mais interessante que as vicissitudes e datas de sua biografia é o fato, indubitável, de que Hernández não impressionou seus contemporâneos. Groussac, durante sua estada em Paris, visitou Victor Hugo; em *El viaje intelectual* relata-nos que esperou no vestíbulo, que fez o possível para se exaltar, refletindo que estava no ambiente do grande poeta, e que, apesar de seu fervor literário, sentiu-se tão tranquilo "como se estivesse na casa de José Hernández, autor de *Martín Fierro*". Martínez Estrada entende que Hernández não quis impressionar e procurou, em uma espécie de suicídio, o isolamento e a penumbra. A conjetura é excessiva; lembremos apenas que, durante a segunda metade do século XIX, um apologista do *gaucho* devia parecer um homem retrógrado e de limitado interesse. Hernández era federalista, e as melhores pessoas do país abominavam, por motivos morais e intelectuais, esse partido. Em uma cidade onde todos se conheciam, Hernández quase não deixou uma história. Consta-nos apenas que era corpulento, barbudo, forte e jovial e que tinha uma memória extraordinária. Sabemos também que, como outros membros de sua família, era espírita. Seus amigos o chamavam de "Martín Fierro". Meu pai, que o visitou quando menino, lembrava que no vestíbulo de sua casa, situada perto da praça hoje chamada Vicente

López, fizera pintar o cerco de Paysandú, no qual combatera seu irmão Rafael. Tulio Méndez disse-nos que, em mil oitocentos e oitenta e tantos, Hernández costumava percorrer, a cavalo, o bairro de Belgrano; os conhecidos perguntavam-lhe o que andava fazendo; ele respondia: "Emagrecendo", e eles completavam: "O pingo".

No autor de *Martín Fierro* repetiu-se, *mutatis mutandis*, o paradoxo de Cervantes e de Shakespeare; o do homem inadvertido e comum que deixa uma obra que as gerações vindouras não desejarão esquecer. Cada um deles, como se sabe, partiu de uma tradição literária; consideremos agora a tradição que José Hernández utilizou e coroou.

A POESIA GAUCHESCA

Um dos acontecimentos mais singulares das diversas literaturas de língua hispânica é a poesia gauchesca. É costume atribuí-la ao *gaucho*; é como se quiséssemos atribuir a arte do retrato ao rosto das pessoas ou o *Quixote* a Alonso Quijano. O *gaucho* é a matéria dessa poesia, não seu inventor. Homens semelhantes ao *gaucho* existiram do Oregon, ou de Montana, ao cabo Horn; essas regiões, até hoje, abstiveram-se de produzir uma poesia comparável à que denominamos gauchesca. É evidente, pois, que o deserto e o ginete não bastam.

Um preconceito de índole romântica recusa-se a admitir que a poesia gauchesca é uma descoberta ou invenção de homens das cidades. Quando Groussac, por volta de 1927, escreveu que o autor de *Don Segundo Sombra* tinha de esticar o poncho para que não vissem sua levita, talvez não tenha feito outra coisa senão reeditar uma velha piada sobre Estanislao del Campo ou Hernández, que certamente não eram *gauchos*. Eram, notoriamente, homens da cidade de Buenos Aires que haviam assimilado os hábitos e a linguagem da planície. Muitas circunstâncias foram requeridas para essa intimidade: a vida pastoril que o estancieiro compartilhava com os peões, a arte da equitação, a proximidade do campo e de seus perigos, a mesma linhagem crioula, as persistentes guerras civis e o fato de os regimentos de cavalaria, comandados por homens da cidade, terem sido integrados por *gauchos*. Também foi necessária a ausência de um dialeto específico que separasse o urbano do rural. Se houvesse existido tal dialeto (como afirmam certos filólogos), a poesia gauchesca pecaria por afetação, e não é esse o caso.

Sarmiento, ao enumerar e estudar as variedades do *gaucho*, fala-nos do *payador*, ou cantador; quiseram ver, neste, a origem da poesia gauchesca. Para Ricardo Rojas, Hernández vem a ser o último *payador*. Convém destacar, no entanto, um fato irrefutável: os *payadores* da campanha ou dos subúrbios eram *compadritos* ou *gauchos* que cantavam para *compadritos* ou *gauchos* e não procuravam nem requeriam cor local. Inversamente, os poetas que chamamos de gauchescos (Hidalgo, Ascasubi, Hernández) foram pessoas cultas que posavam de *gauchos* e que, com esse fim, cultivaram um tom rústico. A essencial diferença dos dois gêneros pode ser estudada no próprio texto do *Martín Fierro*. Palavras, imagens e alusões pampianas são abundantes na obra, mas, quando o *gaucho* começa a cantoria com o moreno, a pobre vida das estâncias e da fronteira é esquecida e fala-se da noite, do mar, do tempo, do peso e da eternidade. É como se

Hernández tivesse marcado a diferença que separa seu labor literário das ambiciosas e vagas efusões dos *payadores* anônimos.

Além do mais, a história da poesia gauchesca não oferece nenhum mistério. Por volta de 1812, o montevideano Bartolomé Hidalgo a inventa; a ele se deve, sem dúvida, a descoberta do singelo artifício de mostrar *gauchos* que se esmeram em falar como tais, para diversão de leitores cultos. Rojas chama-o de *payador*; mas nas próprias páginas de sua *Historia de la literatura argentina* lê-se que, antes de ensaiar o verso octossílabo, ele passou pelo decassílabo, metro inacessível aos *payadores*. Depois de Hidalgo virá Hilario Ascasubi, soldado da guerra do Brasil e das discórdias civis, cujo bizarro e desigual labor parece estar perdido nos três volumes de *Paulino Lucero, Aniceto el Gallo* e *Santos Vega*. Aludindo ao segundo título, Estanislao del Campo, seu amigo, adota o pseudônimo filial de Anastasio el Pollo. Em sua obra mais considerável, o *Fausto*, há humorismo e ternura e o alegre sentimento da amizade. No início de 1872, Lussich publica em Montevidéu *Los tres gauchos orientales*, diálogo de soldados que reflete a influência de Ascasubi e Hidalgo e que prefigura, modestamente, *El gaucho Martín Fierro*.

O *MARTÍN FIERRO*

O que sabemos da redação da obra? Hernández, na carta a dom Zoilo Miguens, que antecede a primeira edição, declara que esta o ajudou a espantar o tédio da vida de hotel. Lugones entende que ele se refere ao Hotel Argentino, situado na esquina da 25 de Mayo com a Rivadavia, onde Hernández teria improvisado o poema, "entre suas tramas de conspirador"; Vicente Rossi acredita que se trata de um hotel de Santana do Livramento, onde Hernández se refugiou depois da derrota de Ñaembé. A gaucharia da fronteira do Brasil com o Uruguai lhe trouxera à memória os outros *gauchos* da fronteira de Buenos Aires. Isso explicaria um ou outro brasileirismo encontrado na obra. Mais importante do que a geografia ou a topografia da tarefa é o fato de que um homem que nunca praticara a poesia escrevesse, sem saber e sem se propor isso, um grande poema.

Hernández publicou o *Martín Fierro* na cidade de Buenos Aires, no final de 1872. A primeira edição, sem ilustrações, tinha o aspecto de um caderno; é evidente que buscava a atenção da gente do povo, não de leitores cultos. O propósito do autor não era literário, mas político, e assim o entenderam seus contemporâneos, cuja cegueira crítica não devemos nos apressar a condenar. Hernández, homem de tradição federalista, queria demonstrar, entre outras coisas, que a batalha de Caseros, ocorrida vinte anos antes, não havia melhorado a pobre sorte dos *gauchos*. A defesa da fronteira contra os índios transformara o exército em um estabelecimento penal, alimentado pelos cárceres e pela prática ilegal de levas arbitrárias. Hernández queria denunciar tais abusos e não encontrou, felizmente para nós, melhor meio que o verso. Devia pensar, também, que Estanislao del Campo e Ascasubi haviam falseado, exagerando-a, a genuína linguagem dos *gauchos*; de tudo isso, surgiu o propósito de um poema no qual um *gaucho* cantaria, com autêntica voz, as desventuras e misérias a que o governo o submetera. Esse *gaucho* devia ser genérico, para que todos pudessem identificar-se com ele; por isso, Martín Fierro não tem pais conhecidos (*Nací como nace el peje/ En el fondo de la mar*);* por isso, a geografia do poema oscila entre a fronteira do Sul (menções a Ayacucho e à serra) e a do Oeste (*Derecho ande el sol se esconde/ Tierra adentro hay que tirar*).**

Martín Fierro, contrariando sua índole estoica, queixa-se muito; o propósito polêmico do autor exigia esse repetido queixume.

Conjeturei, até aqui, a intenção provável de Hernández; se o arrazoado tivesse correspondido a seu plano, hoje não o lembraríamos. Felizmente, Martín Fierro impôs-se a José Hernández; o *gaucho* maltratado e queixoso que teria sido conveniente para o esquema foi sendo pouco a pouco substituído por um dos homens mais vividos, brutais e convincentes que a história da literatura registra. Talvez o próprio Hernández não soubesse explicar o que aconteceu; nós podemos explicá-lo ainda menos. Eu diria que a voz do protagonista impôs-se aos fins circunstanciais do escritor. Neste havia uma carga de experiências que ele nunca havia revisto ou analisado; essas obscuras coisas do tempo projetaram-se no poema que escrevia. Para deixar um livro que as gerações vindouras não vão resignar-se a esquecer, convém agir (mas isso não depende do autor) com certa inocência. Cervantes queria compor uma paródia dos romances de cavalaria; Hernández, um folheto popular contra o Ministério da Guerra.

---

* Nasci como nasce o peixe/ Na profundeza do mar.
** No rumo onde o sol se esconde / Terra adentro há de avançar.

O sétimo capítulo de *El payador* (1916), de Lugones, leva este título polêmico: "*Martín Fierro* é um poema bélico". A sorte do debate variará segundo a definição que dermos a tal adjetivo. Se o restringimos (como quer Calixto Oyuela) a composições anônimas que tratam de um tema tradicional, no qual figuram heróis e numes, *El gaucho Martín Fierro* não é épico; se denominamos épico ao que deixa um sabor de destino, aventura e valentia, ele sem dúvida o é.

Hernández, embora adversário de Mitre, mandou-lhe um exemplar do poema. Na resposta de Mitre lê-se: "Hidalgo será sempre seu Homero". A verdade é que, sem a tradição que Hidalgo inaugura, o *Martín Fierro* não teria existido, mas também é certo que Hernández rebelou-se contra ela e transformou-a e se empenhou com todo o fervor guardado no peito e que talvez não exista outro modo de utilizar uma tradição... São ilustrativas, a propósito, as palavras que Hernández escreveu na já mencionada carta a Zoilo Miguens: "Talvez a empresa tivesse sido mais fácil e de melhor êxito se eu me tivesse proposto fazer rir à custa da ignorância do *gaucho*, como se encontra autorizado pelo uso nesse gênero de composições; mas meu objetivo foi desenhar em linhas gerais, embora fielmente, seus costumes, seus trabalhos, seus hábitos de vida, sua índole, seus vícios e suas virtudes. [...] Martín Fierro não vai à cidade para relatar a seus companheiros o que viu e admirou em um 25 de Maio ou em outra função semelhante, referências que, como o *Fausto* e várias outras, são de muito mérito, decerto, e sim contar as vicissitudes de sua vida de *gaucho*".

Uma das funções da arte é legar um ilusório ontem à

memória dos homens; de todas as histórias que sonhou a imaginação argentina, a de Fierro, a de Cruz e a de seus filhos é a mais patética e firme.

JOSÉ HERNÁNDEZ, *Martín Fierro*. Buenos Aires: Editorial Sur, 1962.

II

Uma das condições indispensáveis para redigir um livro famoso, um livro que as gerações futuras não vão se resignar a deixar morrer, pode ser a de não se propor isso. O sentimento de responsabilidade pode travar ou deter as operações estéticas, e um impulso alheio às artes pode ser favorável. Conjetura-se que Virgílio escreveu sua *Eneida* a mando de Augusto; o capitão Miguel de Cervantes não buscava nada além de uma paródia dos romances de cavalaria; Shakespeare, que era empresário, compunha ou adaptava peças para seus comediantes, não para o exame de Coleridge ou de Lessing. Não muito diferente e não menos indecifrável terá sido o caso do jornalista e federalista José Hernández. O propósito que o levou a escrever o *Martín Fierro* deve ter sido, de início, menos estético que político. Lugones, em *El payador*, reconstruiu a cena de modo verossímil; evoca nosso Hernández improvisando, entre suas tramas de conspirador, em um hotel que dava para a Plaza de Mayo, as desventuras de seu *gaucho*. Talvez tenha recorrido ao verso octossílabo para chegar ao povo e a suas guitarras; o exemplo de Hidalgo e de Ascasubi deve tê-lo influenciado. Para os fins do panfleto rimado que se propunha escrever, convinha que o herói fosse, de algum modo, todos os *gauchos* ou qualquer *gaucho*. Martín Fierro, a princípio, carece de traços diferenciais. É impessoal e genérico e se lamenta muito, para que os ouvintes mais distraídos compreendam que o Ministério da Guerra maltratou-o com iníquo rigor. A execução da obra seguia o caminho previsto, mas produziu-se, gradualmente, uma coisa mágica, ou, ao menos, misteriosa: Fierro impôs-se a Hernández. Em lugar da vítima lastimosa que a fábula requeria, surgiu o duro varão que conhecemos, prófugo, desertor, cantor, homem da faca e, para alguns, paladino.

É sabido que Mitre, ao receber um exemplar da obra, escreveu a seu autor: "Hidalgo será sempre seu Homero". A observação é justa, mas não menos justo é lembrar que Hernández não se limitou a receber, mecanicamente, a tradição que os historiadores da literatura denominam gauchesca; antes, renovou-a e transformou-a. Seu *gaucho* quer comover-nos, não divertir-nos.

Ninguém poderá desentranhar o acúmulo de circunstâncias propícias que depararam a José Hernández a graça de compor, quase contra sua vontade, uma obra-prima. Quarenta anos turbulentos o haviam impregnado de uma experiência múltipla; manhãs, amanheceres perdidos, noites da planície, rostos e entonações de *gauchos* mortos, memórias de cavalos e de tormentas, o entrevisto, o sonhado e o já esquecido estavam nele e foram movendo sua pena. Assim nasceu aquele livro que nem os contemporâneos nem Hernández penetraram totalmente e que seria enriquecido, depois, pelas vigílias de Lugones e de Ezequiel Martínez Estrada.

A edição que prologo é fac-similar; há um curioso agrado em redescobrir, quase um século depois, as mesmas estruturas tipográficas e as mesmas fôrmas de letras que José Hernández percebeu naquela Buenos Aires a que voltaram, não sem pó e sem glória, os longos regimentos vermelhos e azuis que haviam combatido no Paraguai.

JOSÉ HERNÁNDEZ: *El gaucho Martín Fierro. La vuelta de Martín Fierro.* Edição fac-similar. Buenos Aires: Ediciones Centurión, 1962.

III

Depois do *Facundo* de Sarmiento, ou com o *Facundo*, o *Martín Fierro* é a obra capital da literatura argentina. Seu valor humano e estético (talvez ambos os epítetos sejam fundamentalmente iguais) é inegável. Assim o proclamaram, deste e do outro lado do mar, muitos autorizados críticos e, o que sem dúvida é mais importante, muitas gerações de leitores. As pessoas são sensíveis ao estético, mas não acreditam que o estético seja suficiente para justificar uma admiração. No caso de *Martín Fierro*, invocaram razões totalmente alheias ao prazer, ao complexo e comovido prazer, que nos depara o texto. Repetiu-se, por exemplo, que o *Martín Fierro* é uma epopeia, que a história argentina cifra-se de algum modo em suas páginas, e não faltou quem o equiparasse à Bíblia. Tais imprudentes hipérboles foram refutadas sem esforço — por Oyuela, entre outros — e podem obscurecer e prejudicar o sereno exame. Agora passemos aos fatos.

Por volta de 1872, Hernández contava pouco menos de quarenta anos. Seu irmão Rafael era mais conspícuo; Roxlo, em sua *Historia de la literatura uruguaya*, iria atribuir-lhe, anos depois, o livro daquele. Na Grande Aldeia, em que todos se conheciam, Hernández não deixou uma única história. Era um mero senhor argentino, de tradição rosista, parente dos Pueyrredón. Nada fizera de memorável, salvo algo que ignorava. Sem suspeitar, consagrara sua vida inteira a preparar-se para a redação de *Martín Fierro*. Dizer que conhecia o *gaucho* é muito pouco; o impossível, na época, era não conhecê-lo. Refiro-me a experiências que o próprio Hernández já não saberia definir: um crepúsculo perto da vaga fronteira, o perfil de um homem ou sua voz, uma história contada e esquecida ao amanhecer. Essas e muitas outras coisas que permanecerão na sombra deviam existir nele quando se dispôs a escrever. Conforme assinalou Lugones, era-lhe conveniente que sua passagem por Buenos Aires ficasse despercebida, já que militava na conspiração de Ricardo López Jordán contra Urquiza. Durante duas ou três semanas não saiu de seu hotel, que dava para a Plaza de Mayo. Aí escreveu o poema.

Seu primeiro propósito foi político. Era comum então a leva, espécie de alistamento arbitrário que buscava os homens em tavernas, bordéis ou mercados e os entregava ao exército. Hernández, a princípio, imaginara a composição de um panfleto contra esse abuso. Depois, felizmente para nós, lembrou-se do gênero gauchesco que Bartolomé Hidalgo iniciou e que ilustrariam, depois, Hilario Ascasubi e Estanislao del Campo. A forma métrica e a linguagem vulgar ajudariam na difusão do opúsculo.

Hernández talvez tenha feito a única coisa que um homem pode fazer com uma tradição: modificou-a. Seus predecessores haviam acentuado a fala rural, com fins festivos; Hernández resolveu que desde o início levaria seu *gaucho* a sério. Recordemos a primeira estrofe do *Fausto*:

> *En un overo rosao,*
> *flete nuevo y parejito,*
> *caia al Bajo, al trotecito*
> *y lindamente sentao,*
> *un paisano del Bragao,*

de apelativo Laguna.
Mozo jinetaso ¡ahijuna!
como creo que no hay otro,
capaz de llevar un potro
a sofrenarlo en la luna.*

Agora, a que abre o *Martín Fierro*:

Aquí me pongo a cantar
al compás de la vigüela,
que al hombre que lo desvela
una pena estrordinaria,
como la ave solitaria
con el cantar se consuela.**

A tese do trabalho requeria que o camponês maltratado e corrompido pelo Ministério da Guerra fosse um *gaucho* qualquer, ou, se preferirmos, todos os *gauchos*. Por essa razão, o protagonista carece de pais conhecidos (*Nací como nasce el peje/ En el fondo de la mar*);*** por essa razão, a geografia do relato é deliberadamente incerta. A palavra *serra* pode corresponder ao Sul, mas, quando o matreiro e o sargento, com sua tropilha emprestada, vão em busca das tolderias do selvagem,

---

* Em um oveiro rosado,/ flete novo e ligeirinho,/ vinha ao Bajo, no trotinho/ e airosamente sentado,/ um campônio do Bragado,/ de sobrenome Laguna./ Um ginetaço, o fiaduma!,/ como acho que não há outro,/ capaz de levar um potro/ a sofreá-lo na lua.
** Aqui me ponho a cantar/ no compasso da viola,/ pois o homem a quem assola/ uma dor extraordinária,/ como a ave solitária,/ com o cantar se consola.
*** Nasci como nasce o peixe/ Na profundeza do mar.

seguem para o Oeste (*Derecho ande el sol se esconde/ Tierra adentro hay que tirar*).*

Em seu quarto de hotel, o homem solitário escrevia, e um fato singular ocorreu; Fierro, que de início não passava de um som apto para a rima, impôs-se a José Hernández. Transformou-se no homem mais vívido que nossa literatura sonhou, em um homem tão vívido e tão complexo que sugeriu interpretações contrárias. Para Oyuela é um foragido, um Moreira com menos mortes; para Lugones e para Ricardo Rojas, um herói.

Todo poema que não seja um mero mecanismo verbal supera o que se propôs o poeta; a antiga invocação à Musa não era uma fórmula retórica. Daí o inútil da poesia comprometida, que nega essa divina e profunda raiz e pressupõe que um poema depende da vontade do poeta. A conquista do deserto foi épica, mas Hernández, dado seu propósito de atacar a execução dessa campanha, teve de escamotear ou ignorar o que era verdadeiramente épico. Os episódios militares que intercalou são muito menos memoráveis que o assassinato do negro ou o combate com a tropa.

Como se sabe, a poesia que Rojas denominaria gauchesca foi criada por homens da cidade. Fingiam ser *gauchos*, mas na verdade não o eram. Paul Groussac, reeditando, talvez, uma antiga piada contra Estanislao del Campo ou Hernández, disse, em 1926, de Ricardo Güiraldes: "Estica o poncho para que não vejam sua levita". Ninguém dissimulou melhor essa discórdia que Hernández. Afora algum excesso lamentoso — um *gaucho* não

---

* No rumo onde o sol se esconde / Terra adentro há de avançar.

teria se queixado tanto — e certas estrofes em que o autor fala por conta própria (*Lo que pinta este pincel/ Ni el tiempo lo há de borrar*),* a compenetração é perfeita.

Talvez o maior problema do gênero seja o das paisagens.

O leitor deve imaginá-las; o rústico não pode defini-las, porque as pressupõe ou não as vê. Hernández resolve isso instintivamente. Ao longo do *Martín Fierro* sentimos a presença dos lhanos, a tácita gravitação do pampa, nunca descrito e sempre sugerido. Assim, por exemplo:

> *El gaucho más infeliz*
> *tenía tropilla de un pelo,*
> *no le faltaba un consuelo*
> *y andava la gente lista...*
> *tendiendo al campo la vista*
> *no via sino hacienda y cielo.***

Ou:

> *Cruz y Fierro de una estancia*
> *una tropilla se arriaron*
> *por delante se la echaron*
> *como criollos entendidos,*
> *y pronto, sin ser sentidos*
> *por la frontera cruzaron.*

---

* O que pinta este pincel / Nem o tempo há de apagar.
** O *gaucho* mais infausto/ tinha tropilha de um pelo,/ não lhe faltava desvelo/ e a gente andava a postos.../ olhos no campo dispostos,/ só estância e céu a entretê-lo.

> *Y cuando la habían pasado,*
> *una madrugada clara*
> *le dijo Cruz que mirara*
> *las últimas poblaciones;*
> *y a Fierro dos lagrimones*
> *le rodaron por la cara.**

JOSÉ HERNÁNDEZ: *Martín Fierro*. Buenos Aires: Santiago Rueda Editor, 1968.

Pós-escrito de 1974

O *Martín Fierro* é um livro muito bem escrito e muito mal lido. Hernández escreveu-o para mostrar que o Ministério da Guerra — uso a nomenclatura da época — fazia do *gaucho* um desertor e um traidor; Lugones elevou esse desventurado a paladino e o propôs como arquétipo. Agora sofremos as consequências.

---

* Cruz e Fierro em uma estância/ uma tropilha arranjaram,/ para a frente a tocaram/ como crioulos entendidos;/ depois, sem serem sentidos,/ pela fronteira cruzaram.// E quando a haviam passado,/ certa madrugada clara,/ Cruz lhe disse que olhasse/ as últimas povoações;/ e em Fierro dois lagrimões/ deslizaram pela cara.

henry james
a humilhação dos northmore

Filho do converso swedenborgiano de mesmo nome e irmão do ilustre psicólogo que fundou o pragmatismo, Henry James nasceu em Nova York no dia 15 de abril de 1843. O pai queria que os filhos fossem cosmopolitas — cidadãos do mundo, no sentido estoico da palavra — e dispôs que fossem educados na Inglaterra, na França, em Genebra e em Roma. Em 1860, Henry voltou à América, onde empreendeu e abandonou um vago estudo de direito. A partir de 1864, dedicou-se às letras, com crescente abnegação, lucidez e felicidade. Morou, a partir de 1869, em Londres e em Sussex. Suas ulteriores viagens à América foram ocasionais e não passaram da Nova Inglaterra. Em julho de 1915, adotou a cidadania britânica, por entender que o dever moral de sua pátria era declarar guerra à Alemanha. Morreu em 28 de fevereiro de 1916. "Agora, por fim, essa coisa distinta, a morte", disse na hora da agonia.

A edição definitiva de sua obra abarca 35 volumes, minuciosamente revistos por ele. A parte principal dessa escrupulosa acumulação consta de contos e romances. Também inclui uma biografia de Hawthorne, que ele sempre admirou, e estudos críticos sobre Turguêniev e

Flaubert, dos quais foi amigo íntimo. Desconsiderava Zola e, por intrincadas razões, Ibsen. Protegeu Wells, que lhe correspondeu com ingratidão. Foi padrinho de casamento de Kipling. A obra completa encerra estudos de índoles muito diversas: a arte de narrar, o achado de temas ainda não explorados, a vida literária como tema, o procedimento indireto, os males e os mortos, as virtudes e os riscos da improvisação, o sobrenatural, o curso do tempo, a obrigação de interessar, os limites que o ilustrador deve impor-se para não rivalizar com o texto, o inadmissível do dialeto, o ponto de vista, a narrativa em primeira pessoa, a leitura em voz alta, a representação do Mal, nunca especificado, o desterro do americano na Europa, o desterro do homem no universo... Essas análises, devidamente organizadas em um volume, integrariam uma luminosa retórica.

Apresentou nos teatros de Londres várias comédias, que foram saudadas com assovios e com a respeitosa censura de Bernard Shaw. Nunca foi popular; a crítica britânica ofereceu-lhe uma distraída e frígida glória, que costumava excluir a leitura.

"Suas biografias", escreveu Ludwig Lewisohn, "são mais significativas pelo que omitem do que pelo que contêm."

Visitei algumas literaturas do Oriente e do Ocidente; compilei uma enciclopédica antologia da literatura fantástica; traduzi Kafka, Melville e Bloy; não conheço trabalho mais estranho que o de Henry James. Os escritores que enumerei são, desde a primeira linha, assombrosos; o universo que suas páginas propõem é quase professamente irreal; James, antes de manifestar o que é, um habitante resignado e irônico do Inferno, corre o risco de parecer um mero romancista mundano, mais incolor que outros. Iniciada a leitura, incomodam-nos certas ambiguidades, um ou outro traço superficial; algumas páginas depois compreendemos que essas deliberadas negligências enriquecem o livro. Não se trata, bem entendido, da pura vagueza dos simbolistas, cujas imprecisões, à força de eludir um significado, podem significar qualquer coisa. Trata-se da voluntária omissão de uma parte do romance, que nos permite interpretá-lo de um modo ou de outro; ambos premeditados pelo autor, ambos definidos. Assim, ignoramos, em *The Lesson of the Master*, se o conselho dado ao discípulo é ou não pérfido; em *The Turn of the Screw*, se as crianças são vítimas ou agentes dos espectros, que, por sua vez, podem ser demônios; em *The Sacred Fount*, qual das damas que fingem indagar o mistério de Gilbert Long é a protagonista desse mistério; em *The Abasement of the Northmores*, o destino final do projeto de Mrs. Hope. Quero assinalar outro problema desse delicado relato de uma vingança: os intrínsecos méritos ou deméritos de Warren Hope, que só conhecemos pelos olhos de sua mulher.

James foi acusado de incorrer em traços melodramáticos; isso se deve a que os fatos, para esse autor, são meras hipérboles ou ênfases da trama. Assim, em *The American*, o crime de Madame de Bellegarde é inacreditável em si, mas aceitável como cifra da corrupção de uma antiga família. Assim, naquela narrativa que se intitula "The death of the lion", o falecimento do herói e a perda insensata do manuscrito não passam de metáforas que declaram a indiferença dos que fingem admirá-lo. Paradoxalmente, James não é um romancista psicológico. As situações, em seus livros, não surgem dos personagens; os personagens foram imaginados para justificar as situações. Ocorre o contrário com Meredith.

Há muitos estudos críticos sobre James. Pode-se consultar a monografia de Rebecca West (*Henry James*, 1916), *The Craft of Fiction* (1921), de Percy Lubbock, o número de homenagem de *Hound and Horn*, correspondente aos meses de abril e maio de 1934, *The Destructive Element* (1935), de Stephen Spender, e o apaixonado artigo de Graham Greene na obra coletiva *The English Novelists* (1936). Esse artigo termina com estas palavras: "...Henry James, tão solitário na história do romance quanto Shakespeare na história da poesia".

HENRY JAMES, *La humillación de los Northmore*. Prólogo de J. L. B. Buenos Aires: Emecé Editores, Cuadernos de la Quimera, 1945.

franz kafka
a metamorfose

Kafka nasceu no bairro judeu da cidade de Praga, em 1883. Era enfermiço e arredio: intimamente seu pai nunca deixou de menosprezá-lo e até 1922 o tiranizou. (Desse conflito, e de suas persistentes meditações sobre as misteriosas misericórdias e as ilimitadas exigências do pátrio poder, ele mesmo declarou que procede toda a sua obra.) De sua juventude sabemos duas coisas: um amor contrariado e o gosto por romances de viagens. Ao sair da universidade, trabalhou algum tempo em uma companhia de seguros. Dessa tarefa libertou-o, infaustamente, a tuberculose: a intervalos, Kafka passou a segunda metade de sua vida em sanatórios do Tirol, dos Cárpatos e dos Erzgebirge. Em 1913 publicou seu primeiro livro, *Consideração*, em 1915 o famoso relato *A metamorfose*, em 1919 os catorze contos fantásticos ou catorze lacônicos pesadelos que compõem *Um médico rural*.

A opressão da guerra está nesses livros: essa opressão cuja característica atroz é a simulação de felicidade e de valoroso fervor que impõe aos homens... Sitiados e vencidos, os Impérios Centrais capitularam em 1918. No entanto, o bloqueio não cessou e uma das vítimas foi Franz Kafka. Este, em 1922, fizera seu lar em Berlim com uma moça da seita dos Hassidim, ou Piedosos, Dora Dymant. No verão de 1924, agravado seu mal pelas privações da guerra e do pós-guerra, morreu em um sanatório perto de Viena. Sem dar ouvidos à proibição expressa do morto, seu amigo e testamenteiro Max Brod publicou seus múltiplos manuscritos. A essa inteligente desobediência devemos o conhecimento cabal de uma das obras mais singulares de nosso século.[1]

Duas ideias — ou melhor, duas obsessões — regem a obra de Franz Kafka. A subordinação é a primeira das duas; o infinito, a segunda. Em quase todas as suas ficções há hierarquias, e essas hierarquias são infinitas. Karl Rossmann, herói do primeiro de seus romances, é um pobre rapaz alemão que abre caminho em um inextricável continente; por fim é admitido no Grande Teatro Natural de Oklahoma; esse teatro infinito não é menos populoso que o mundo, e prefigura o Paraíso. (Traço muito pessoal: nem mesmo nessa figura do céu os homens conseguem ser felizes, e há ligeiras e diversas

---

[1] Já próxima a morte, Virgílio encomendou a seus amigos a destruição de sua inconclusa *Eneida*, que, não sem mistério, cessa com as palavras *"Fugit indignata sub umbras"* ["Foge indignada debaixo das sombras"]. Os amigos desobedeceram; o mesmo faria Max Brod. Em ambos os casos, atacaram a vontade secreta do morto. Se este quisesse destruir sua obra, teria feito isso pessoalmente; pediu que outros o fizessem para eximir-se de uma responsabilidade, não para que executassem sua ordem. Kafka, por sua vez, gostaria de ter escrito uma obra feliz e serena, não a uniforme série de pesadelos que sua sinceridade ditou-lhe.

demoras.) O herói do segundo romance, Josef K., progressivamente perturbado por um insensato processo, não consegue averiguar o delito de que o acusam nem mesmo se enfrentar com o invisível tribunal que deve julgá-lo; este, sem julgamento prévio, acaba por fazê-lo degolar. K., herói do terceiro e último, é um agrimensor chamado a um castelo, no qual jamais consegue entrar, e que morre sem ser reconhecido pelas autoridades que o governam. O motivo da infinita postergação rege também seus contos. Um deles trata de uma mensagem imperial que nunca chega, em razão das pessoas que estorvam o trajeto do mensageiro; outro, de um homem que morre sem ter conseguido visitar um lugarejo próximo; outro — "Uma confusão cotidiana" —, de dois vizinhos que não conseguem se reunir. No mais memorável de todos eles — "Durante a construção da muralha da China", 1919 —, o infinito é múltiplo: para deter o curso de exércitos infinitamente distantes, um imperador infinitamente remoto no tempo e no espaço ordena que infinitas gerações levantem infinitamente um muro infinito que circunde seu império infinito.

A crítica deplora que nos três romances de Kafka faltem muitos capítulos intermediários, mas reconhece que esses capítulos não são imprescindíveis. Tenho para mim que essa queixa indica um desconhecimento essencial da arte de Kafka. O *páthos* desses "inconclusos" romances nasce precisamente do número infinito de obstáculos que detêm e voltam a deter seus heróis idênticos. Franz Kafka não os terminou, porque o primordial era que fossem intermináveis. Lembram-se do primeiro e mais claro dos paradoxos de Zenão?

O movimento é impossível, pois, antes de chegar a B, deveremos atravessar o ponto intermediário C, mas, antes de chegar a C, deveremos atravessar o ponto intermediário D, mas, antes de chegar a D... O grego não enumera todos os pontos; Franz Kafka não tem por que enumerar todas as vicissitudes. Baste-nos compreender que são infinitas como o Inferno.

Na Alemanha e fora da Alemanha esboçaram-se interpretações teológicas de sua obra. Não são arbitrárias — sabemos que Kafka era devoto de Pascal e de Kierkegaard —, mas tampouco são muito úteis. A plena fruição da obra de Kafka — como a de tantas outras — pode anteceder toda interpretação, e não depende delas.

A mais indiscutível virtude de Kafka é a invenção de situações intoleráveis. Para a gravura perdurável bastam poucas linhas. Por exemplo: "O animal arranca o açoite das mãos de seu dono e castiga-se até se transformar em dono e não compreende que não é mais que uma ilusão produzida por um novo nó no açoite". Ou então: "No templo irrompem leopardos e bebem o vinho dos cálices; isso acontece repetidamente; por fim, já se prevê que isso acontecerá e incorpora-se à cerimônia do templo". A elaboração, em Kafka, é menos admirável que a invenção. Homens, não há mais que um em sua obra: o *homo domesticus* — tão judeu e tão alemão —, desejoso de um lugar, mesmo que humílimo, em uma Ordem qualquer; no universo, em um ministério, em um asilo de lunáticos, no cárcere. O argumento e o ambiente são o essencial; não as evoluções da fábula nem a penetração psicológica. Daí a primazia de seus contos sobre seus romances; daí o direito de afirmar que esta compilação de relatos nos dá integralmente a medida de tão singular escritor.

FRANZ KAFKA, *La metamorfosis*. Tradução e prólogo de J. L. B. Buenos Aires: Editorial Losada, La Pajarita de Papel, 1938.

nora lange

a rua da tarde

As noites e os dias de Nora Lange são sossegados e luminosos em uma chácara que não demarcarei com mentirosa precisão topográfica, e da qual me basta assinalar que está nas profundezas da tarde, perto dessas ruas grandes com as quais é piedoso o último sol, e em que o apagado tijolo das altas calçadas é um retrato do poente, cuja luz é como uma festa pobre para os terrenos finais. Nesses confins conheci Nora, notável pelo duplo resplendor de suas tranças e de sua altiva juventude, leve sobre a terra. Leve e altiva e fervorosa, como bandeira que se completa no vento, era também sua alma. Nesse cálido ontem, que três anos prolixos não embaçaram, amanhecia o ultraísmo nas terras da América, e sua vontade de renovação, que foi travessa e fantasiosa em Sevilha, ressoou fiel e apaixonadamente em nós. Aquela foi a época de *Prisma*, o jornal mural que deu às cegas paredes e às arcadas baldias uma vidência transitória, e cuja claridade sobre as casas era janela aberta diante do resignado costume, e de *Proa*, cujas três folhas deixavam-se abrir como esse triplo espelho que torna movediça e variada a imóvel graça do rosto que reflete. Para nosso sentir, os versos contemporâneos eram inúteis como gastos encantamentos, e urgia-nos a ambição de uma lírica nova. Estávamos fartos da insolência de palavras e da musical imprecisão que os poetas dos Novecentos amaram, e solicitamos uma arte ímpar e eficaz, em que a beleza fosse inegável como a alacridade que o mês de outubro insta na carne e na terra. Exercemos a imagem, a sentença, o epíteto, rapidamente compendiosos. E, nessa iniciação, surgiu em nossa fraternidade Nora Lange, e ouvimos seus versos, comovedores como latejos, e vimos que sua voz era semelhante a um arco que sempre acertava no alvo, e que o alvo era uma estrela. Quanta límpida eficácia nesses versos de menina de quinze anos! Neles resplandecem duas diferenças: uma, cronológica e própria de nosso tempo; misteriosamente individual a segunda. A primeira é a nobre prodigalidade de metáforas que ilustram as estâncias, e cujo encontro de afinidades imprevisíveis justifica a evocação das grandes festas de imagens que há na prosa de Cansinos Assens e a dos escaldos medievais — pois Nora não é de cepa norueguesa? —, que chamavam os navios de potros do mar, e o sangue, de água da espada. A segunda é a pequenez de cada poema, pequenez justa e essencial, cuja estirpe mais fácil está nas coplas que brotaram à beira da guitarra antiga e ressurgem hoje junto do poço, também obscuro e fresco e dolorido, da guitarra pátria.

O tema é o amor: a funda expectativa do sentir que faz de nossas almas coisas dilaceradas e ansiosas, como os dardos no ar, ávidos por seu ferimento. Esse anseio inicial comunica-lhe as visões do mundo, e faz com que traduza o horizonte em grito alongado e a noite em prece e a sucessão de dias claros em um rosário lento. Tropos que sopesei em minha solidão, em caminhadas e sossego, e que me parecem verídicos.

Com altiva esperança, com generosidade de distâncias, com argila frágil de ocasos, Nora modelou este livro. Quero que minhas palavras encarecendo-a sejam como as fogueiras de cedro, que alegravam em uma festa bíblica as atentas colinas e que pressagiavam aos homens a lua nova.

NORA LANGE, *La calle de la tarde*. Prólogo de J. L. B. Buenos Aires: Ediciones J. Samet, 1925.

lewis carroll
obras completas

No capítulo segundo de *Symbolic Logic* (1892), C. L. Dodgson, cujo nome perdurável é Lewis Carroll, escreveu que o universo consta de coisas que podem ser ordenadas por classes e que uma destas é a classe das coisas impossíveis. Deu como exemplo a classe das coisas que pesam mais de uma tonelada e que uma criança é capaz de levantar. Se não existissem, se não fossem parte de nossa felicidade, diríamos que os livros de Alice correspondem a essa categoria. De fato, como conceber uma obra que não é menos deleitável e hospitaleira que *As mil e uma noites*, e que também é uma trama de paradoxos de ordem lógica e metafísica? Alice sonha com o Rei Vermelho, que a está sonhando, e alguém lhe avisa que, se o Rei acordar, ela irá apagar-se como uma vela, porque não passa de um sonho do Rei que ela está sonhando. A propósito desse sonho recíproco, que é bem possível que não tenha fim, Martin Gardner lembra certa obesa, que pinta uma pintora magra, que pinta uma pintora obesa, que pinta uma pintora magra, e assim ao infinito.

A literatura inglesa e os sonhos guardam uma antiga amizade; Beda, o Venerável, relata que o primeiro poeta da Inglaterra cujo nome alcançamos, Caedmon, compôs seu primeiro poema em um sonho; um triplo sonho de palavras, de arquitetura e de música ditou a Coleridge o admirável fragmento de *Kubla Khan*; Stevenson declara que sonhou a transformação de Jekyll em Hyde e a cena central de *Olalla*. Nos exemplos que citei, o sonho é inventor de poesia; são inumeráveis os casos do sonho como tema, e estão entre os mais ilustres os livros que nos deixou Lewis Carroll. Continuamente, os dois sonhos de Alice beiram o pesadelo. As ilustrações de Tenniel (que agora são inerentes à obra e que não agradavam a Carroll) acentuam a sempre sugerida ameaça. À primeira vista, ou na lembrança, as aventuras parecem arbitrárias e quase irresponsáveis; depois comprovamos que encerram o secreto rigor do xadrez e do baralho, que também são aventuras da imaginação. Dodgson, como sabemos, foi professor de matemática na Universidade de Oxford; os paradoxos lógico-matemáticos que a obra nos propõe não impedem que esta seja magia para as crianças. Na profundeza dos sonhos espreita uma resignada e sorridente melancolia; a solidão de Alice entre seus monstros reflete a do celibatário que teceu a inesquecível fábula. A solidão do homem que nunca se atreveu ao amor e que não teve outros amigos além de algumas meninas, que o tempo foi lhe roubando, nem outro prazer que a fotografia, menosprezada na época. A isso devemos acrescentar, naturalmente, as especulações abstratas e a invenção e execução de uma mitologia pessoal, que agora, felizmente, é de todos. Resta outra zona, que minha incapacidade não entrevê e que os entendidos desdenham: a dos *pillow problems*, que urdiu para povoar as noites de insônia e para afastar, confessa-nos, os maus pensamentos. O pobre Cavaleiro Branco, artífice de coisas imprestáveis, é um autorretrato deliberado e uma projeção, talvez involuntária, daquele outro senhor provinciano que tentou ser Dom Quixote.

O gênio algo perverso de William Faulkner ensinou os escritores atuais a brincar com o tempo. Limito-me a mencionar as engenhosas peças dramáticas de Priestley. Carroll já havia escrito que o Unicórnio revelou a Alice o *modus operandi* correto para servir o pudim de passas aos convidados: primeiro se reparte e depois se corta. A Rainha Branca dá um grito brusco porque sabe que vai picar um dedo, que sangrará antes da picada. Também se lembra com precisão dos fatos da semana que vem. O Mensageiro está no cárcere antes de ser julgado pelo delito que cometerá depois da sentença do juiz. Ao tempo reversível acrescenta-se o tempo detido. Na casa do Chapeleiro Louco sempre são cinco da tarde; é a hora do chá, e se esgotam e se enchem as xícaras.

Antes os escritores buscavam, em primeiro lugar, o interesse ou a emoção do leitor; agora, por influência das histórias da literatura, ensaiam experimentos que fixem a perduração, ou mesmo a inclusão fugaz, de seus nomes. O primeiro experimento de Carroll, os dois livros de Alice, foi tão afortunado que ninguém o julgou experimental, e muitos o julgaram bastante fácil. Do último, *Sylvie and Bruno* (1889-93), só cabe, honestamente, afirmar que foi um experimento. Carroll havia observado que a maioria, ou a totalidade, dos livros nasce de um argumento prévio, cujos diversos pormenores o escritor insere depois; resolveu inverter o procedimento e anotar circunstâncias que os dias e os sonhos lhe depararam, e depois ordená-las. Dez lentos anos consagrou a plasmar essas formas heterogêneas que lhe deram, escreve, uma clara e opressiva noção da palavra *caos*. Quis intervir em sua obra apenas com uma ou outra linha que servisse de nexo necessário. Preencher um número determinado de páginas com um argumento e seus rípios parecia-lhe uma escravidão a que não tinha de se submeter, já que a fama e o dinheiro não lhe importavam.

À singular teoria que resumi acrescento outra: pressupor a existência de fadas, sua condição ocasional de seres tangíveis, seja na vigília, seja no sonho, e o comércio recíproco do orbe cotidiano e do fantástico.

Ninguém, nem mesmo o injustamente esquecido Fritz Mauthner, desconfiou tanto da linguagem. O trocadilho é, em geral, um mero alarde bobo de engenho ("o alígero Dante", "o culto mas não oculto Góngora" de Baltasar Gracián); em Carroll, revela a ambiguidade que espreita nas locuções comuns. Por exemplo, a que espreita no verbo *to see*:

> He thought he saw an argument
> That proved he was the Pope:
> He looked again, and found it was
> A Bar of Mottled Soap.
> "A fact so dread", he faintly said,
> "Extinguishes all hope!"

Aí joga-se com o duplo sentido do verbo *to see*; descobrir um arrazoado não é o mesmo que perceber um objeto físico.

Quem escreve para as crianças corre o risco de ficar contaminado de puerilidade: o autor se confunde com os ouvintes. Esse é o caso de Jean de La Fontaine, de Stevenson e de Kipling. Esquece-se que Stevenson escreveu *A Child's Garden of Verses*, mas também *The Master of Ballantrae*; esquece-se que Kipling nos deixou as *Just So Stories* e as narrativas mais complexas e trágicas de nosso século. No que se refere a Carroll, afirmei anteriormente que os livros de Alice podem ser lidos e relidos, segundo a locução hoje habitual, em planos bem diversos.

De todos os episódios, o mais inesquecível é o adeus do Cavaleiro Branco. Talvez o Cavaleiro esteja comovido, porque não ignora que é um sonho de Alice, como Alice foi um sonho do Rei Vermelho, e que está prestes a esfumar-se. O Cavaleiro é também Lewis Carroll, que se despede dos sonhos queridos que povoaram sua solidão. É lícito recordar a melancolia de Miguel de Cervantes, quando se despediu para sempre de seu amigo, e de nosso amigo, Alonso Quijano, "o qual, entre compaixões e lágrimas dos que ali se encontraram, entregou seu espírito, quero dizer, morreu".

LEWIS CARROLL, *Obras completas*. Prólogo de J. L. B. Buenos Aires: Corregidor, 1976.

o matreiro

Uma curiosa convenção resolveu que cada um dos países em que a história e seus acasos dividiram fugazmente a esfera tenha seu livro clássico. A Inglaterra escolheu Shakespeare, o menos inglês dos escritores ingleses; a Alemanha, talvez para fazer frente a seus próprios defeitos, Goethe, que fazia pouco de seu admirável instrumento, o idioma alemão; a Itália, irrefutavelmente, o alígero Dante, para repetir o melancólico *calembour* de Baltasar Gracián; Portugal, Camões; a Espanha, apoteose que teria suscitado o douto escândalo de Quevedo e de Lope, o engenhoso leigo Cervantes; a Noruega, Ibsen; a Suécia, creio, resignou-se a Strindberg. Na França, onde as tradições são tantas, Voltaire não é menos clássico que Ronsard, nem Hugo que a *Chanson de Roland*; Whitman, nos Estados Unidos, não substitui Melville nem Emerson. No que se refere a nós, penso que nossa história seria outra, e seria melhor, se tivéssemos escolhido, a partir deste século, o *Facundo* e não o *Martín Fierro*.

Sarmiento enumerou celebremente as diversas variedades do *gaucho*: o vaqueano, o rastreador, o cantador e o *gaucho* mau, que Ascasubi já chamava de malevo. No prólogo do *Santos Vega o los mellizos de la flor* (Paris, 1872), Ascasubi nos diz: "É a história de um malevo capaz de cometer todos os crimes, e que deu muito o que fazer à justiça". O culto à obra de Hernández, iniciado por *El payador* (1916), de Lugones, e depois engrandecido por Rojas, induziu-nos à singular confusão dos conceitos de matreiro e de *gaucho*. Se o matreiro tivesse sido um tipo frequente, ninguém continuaria lembrando, com o passar dos anos, o apelido ou o nome de uns poucos: Moreira, Hormiga Negra, Calandria, o Tigre del Quequén. Há distraídos que repetem que o *Martín Fierro* é cifra de nossa complexíssima história. Aceitemos, durante algumas linhas, que todos os *gauchos* foram soldados; aceitemos também, com igual extravagância ou docilidade, que todos eles, como o protagonista da epopeia, foram desertores, prófugos e matreiros, e, finalmente, passaram para o lado dos selvagens. Neste caso, não teria havido a conquista do deserto; as lanças de Pincén ou de Coliqueo teriam assolado nossas cidades e, entre outras coisas, teriam faltado tipógrafos para José Hernández. Também careceríamos de escultores para monumentos ao *gaucho*.

Em Buenos Aires, os conceitos de *compadrito* e de homem da faca sofreram análoga confusão. O *compadrito* era o plebeu do centro ou dos arrabaldes, o changador ou o capataz; era ou não homem da faca. Desprezava o ladrão e o homem que vivia de mulheres. Os veteranos de Bartolomé Hidalgo, "os *gauchos* do Rio da Prata, cantando e combatendo" que Hilario Ascasubi exaltou e os chistosos conversadores que recriam a história do doutor Fausto não são menos reais que os rebeldes que Gutiérrez glorificou. Dom Segundo, o tropeiro velho, é homem de paz.

É natural e, talvez, inevitável que a imaginação escolha o matreiro e não os *gauchos* da tropa policial que andava a sua procura. Atrai-nos o rebelde, o indivíduo, mesmo que inculto ou criminoso, que se opõe ao Estado; Groussac assinalou essa atração em diversas latitudes e épocas. A Inglaterra lembra-se de Robin Hood e de Hereward the Wake; a Islândia, de seu Grettir, o Forte. Cabe rememorar também aquele Billy the Kid, do Arizona, que ao morrer de um brusco balaço aos 22 anos devia à justiça 22 mortes, sem contar mexicanos, e Macario Romero, de quem uma copla muito jocosa diz:

¡Qué bonito era Macario
en su caballo retinto,
con la pistola en la mano,
peleando con treinta y cinco!*

A história universal é a memória das ulteriores gerações, e esta, como se sabe, não exclui a invenção e o erro, que talvez seja uma das formas da invenção. O cavaleiro acossado que se oculta, como em um passe de mágica, na mera vacuidade do pampa ou nos emaranhados labirintos do monte ou da coxilha é uma figura patética e valorosa de que, de algum modo, precisamos. Também o *gaucho*, em geral sedentário, terá admirado o prófugo que fatigava as léguas da província e atravessava, desafiando a lei, as largas águas correntosas do Paraná ou do Uruguai.

---

* Que bonito era Macario/ em seu cavalo retinto,/ com a pistola na mão,/ lutando com trinta e cinco!

Menos de indivíduos, a história dos tempos idos é feita de arquétipos; para os argentinos, um de tais arquétipos é o matreiro. Hoyo e Moreira podem ter capitaneado bandos de foragidos e manejado o trabuco, mas gostamos de imaginá-los lutando sozinhos, de poncho e facão. Uma das virtudes do matreiro, sem dúvida inestimável, é a de pertencer ao passado; podemos venerá-lo sem risco. Matreirear podia ser um episódio na vida de um homem. O aço, o álcool dos sábados e aquele receio quase feminino de ter sido ofendido, que se chama, não sei por quê, machismo, favoreciam as contendas mortais. No *Fausto* lê-se:

Cuando a usté un hombre lo ofiende,
ya sin miran para atrás,
pela el flamenco y ¡sás! ¡trás!
dos puñaladas le priende.

Y cuando la autoridá
la partida le ha soltao,
usté en su overo rosao
bebiendo los vientos va.

Naides de usté se despega
porque se aiga desgraciao,
y es muy bien agasajao
en cualquier rancho a que llega.

Si es hombre trabajador,
ande quiera gana el pan:
para eso con usté van
bolas, lazo y maniador.

> *Pasa el tiempo vuelve al pago,*
> *y cuando más larga ha sido*
> *su ausiencia, usté es recebido*
> *con más gusto y más halago*[*][1]

É curioso notar que a desgraça era do matador, não do morto.
Este livro antológico não é uma apologia do matreiro nem uma acusação judicial. Compô-lo foi um prazer; espero que compartilhem esse prazer os que vierem a virar suas páginas.

JORGE LUIS BORGES, *El matrero*. Seleção e prólogo de J. L. B. Buenos Aires: Edicom S.A., 1970.

---

* Quando um homem o ofende,/ sem nem olhar para trás,/ pela o facão e zás-trás!/ duas punhaladas lhe estende.// E quando o delegado/ põe a tropa em movimento,/ você vai bebendo o vento/ em seu oveiro rosado.// Ninguém com você peleia/ por já se ter desgraçado,/ e é bastante aconchegado/ em qualquer rancho em que apeia.// Se é homem trabalhador,/ onde quer ganha seu pão:/ pra isso com você vão/ laço, bolas, maneador.// Passa o tempo, volta ao pago;/ por maior que tenha sido/ sua ausência, é recebido/ com grande gosto e afago.

1 O mais ilustre dos mestres literários deplora, por sua vez, não seus bons momentos:

> *Es triste dejar sus pagos*
> *y largarse a tierra ajena,*
> *llevándose la alma llena*
> *de tormentos y dolores,*
> *mas nos llevan las rigores*
> *como el pampero a la arena.*

É triste deixar seus pagos,/ largar-se pra terra alheia,/ levando a alma cheia/ de tormentos e de dores,/ mas nos levam os rigores/ como o pampeiro a areia.

herman melville
bartleby

No inverno de 1851, Melville publicou *Moby Dick*, o romance infinito que determinou sua glória. Página a página, a narrativa se engrandece até usurpar o tamanho do cosmos: no início, o leitor pode supor que seu tema é a vida miserável dos arpoadores de baleias; depois, que o tema é a loucura do capitão Ahab, ávido por perseguir e destruir a Baleia Branca; depois, que a Baleia e Ahab e a perseguição que fatiga os oceanos do planeta são símbolos e espelhos do universo. Para insinuar que o livro é simbólico, Melville declara que não o é, enfaticamente: "Que ninguém considere *Moby Dick* uma história monstruosa ou, o que seria pior, uma atroz alegoria intolerável" (*Moby Dick*, XLV). A conotação habitual da palavra *alegoria* parece ter ofuscado os críticos; todos preferem limitar-se a uma interpretação moral da obra. Assim, E. M. Forster (*Aspects of the Novel*, VII): "Resumido e concretizado em palavras, o tema espiritual de *Moby Dick* é, mais ou menos, este: uma batalha contra o Mal, prolongada em excesso ou de maneira errônea".

De acordo, mas o símbolo da Baleia é menos capaz de sugerir que o cosmos é malvado do que sugerir sua imensidão, sua desumanidade, sua bestial ou enigmática estupidez. Chesterton, em uma de suas narrativas, compara o universo dos ateus a um labirinto sem centro. Tal é o universo de *Moby Dick*: um cosmos (um caos) não só perceptivelmente maligno, como o que intuíram os gnósticos, mas também irracional, como o dos hexâmetros de Lucrécio.

Moby Dick está redigido em um dialeto romântico do inglês, um dialeto veemente que alterna ou conjuga procedimentos de Shakespeare e de Thomas de Quincey, de Browne e de Carlyle; *Bartleby*, em um idioma tranquilo e até jocoso cuja deliberada aplicação a sua matéria atroz parece prefigurar Franz Kafka. Há, no entanto, entre ambas as ficções, uma afinidade secreta e central. Na primeira, a monomania de Ahab perturba e finalmente aniquila todos os homens do barco; na segunda, o cândido niilismo de Bartleby contamina seus companheiros e, até, o estulto senhor que narra sua história e que lhe abona suas imaginárias tarefas. É como se Melville tivesse escrito: "Basta que um único homem seja irracional para que os outros o sejam e também todo o universo". A história universal é pródiga em confirmações desse temor.

Bartleby pertence ao volume intitulado *The Piazza Tales* (1856, Nova York e Londres). De outra narrativa desse livro, John Freeman observa que não pôde ser plenamente compreendida até que Joseph Conrad publicou certo texto congênere, quase meio século depois; eu observaria que a obra de Kafka projeta sobre *Bartleby* uma curiosa luz ulterior. *Bartleby* já define um gênero que, por volta de 1919, Franz Kafka reinventaria e aprofundaria: o das fantasias da conduta e do sentimento ou, como agora rudemente se diz, psicológicas.

Além do mais, as páginas iniciais de *Bartleby* não pressentem Kafka; antes, aludem ou repetem Dickens... Em 1849, Melville havia publicado *Mardi*, romance inextricável e mesmo ilegível, mas cujo argumento essencial antecipa as obsessões e o mecanismo de *O castelo*, de *O processo* e de *O desaparecido*: trata-se de uma infinita perseguição, por um mar infinito.

Declarei as afinidades de Melville com outros escritores. Não o subordino a estes últimos; trabalho sob uma das leis de toda descrição ou definição: referir o desconhecido ao conhecido. A grandeza de Melville é substantiva, mas sua glória é nova. Melville morreu em 1891; vinte anos depois de sua morte, a undécima edição da *Encyclopaedia Britannica* o considera um mero cronista da vida marítima; Lang e George Saintsbury, em 1912 e em 1914, plenamente o ignoram em suas histórias da literatura inglesa. Depois, vindicaram-no Lawrence da Arábia e D. H. Lawrence, Waldo Frank e Lewis Mumford. Raymond Weaver, em 1921, publicou a primeira monografia americana: *Herman Melville, Mariner and Mystic*; John Freeman, em 1926, a biografia crítica *Herman Melville*.

A vasta população, as altas cidades, a errônea e clamorosa publicidade conspiraram para que o grande homem secreto seja uma das tradições da América. Edgar Allan Poe foi um deles; Melville, também.

HERMAN MELVILLE, *Bartleby*. Tradução e prólogo de J. L. B. Buenos Aires: Emecé Editores, Cuadernos de la Quimera, 1944.

Pós-escrito de 1971

Valéry Larbaud contrastou a pobreza da literatura hispano-americana com a abundância da dos Estados Unidos. É comum atribuir essa disparidade a razões de ordem territorial e demográfica. Não devemos esquecer, no entanto, que os grandes escritores americanos procederam de uma área limitada: Nova Inglaterra. Eram virtualmente vizinhos. Inventaram tudo, até mesmo a primeira revolução e o Far West.

francisco de quevedo

prosa e verso

Como a outra, a história da literatura é pródiga em enigmas. Nenhum deles me inquietou, e me inquieta, como a estranha glória parcial que coube por sorte a Quevedo. Nos censos de nomes universais, o dele não figura. Muitas vezes tentei inquirir as razões dessa extravagante omissão; uma vez, em uma conferência esquecida, acreditei tê-las encontrado no fato de que suas duras páginas não fomentam, nem mesmo toleram, o menor desabafo sentimental. ("Abusar do sentimentalismo é ter êxito", observou George Moore.) Para a glória, dizia eu, não é indispensável que um escritor se mostre sentimental, mas é indispensável que sua obra ou alguma circunstância biográfica estimulem o pateticismo. Nem a vida nem a arte de Quevedo, refleti, prestam-se a essas ternas hipérboles cuja repetição é a glória...

Ignoro se essa explicação é correta; eu, agora, a complementaria com esta: virtualmente, Quevedo não é inferior a ninguém, mas não encontrou um símbolo que se apodere da imaginação das pessoas. Homero tem Príamo, que beija as homicidas mãos de Aquiles; Sófocles tem um rei que decifra enigmas e a quem os oráculos farão decifrar o horror de seu próprio destino; Lucrécio tem o infinito abismo estelar e as discórdias dos átomos; Dante, os nove círculos do Inferno e a Rosa; Shakespeare, seus orbes de violência e de música; Cervantes, o afortunado vaivém de Sancho e de Quixote; Swift, sua república de cavalos virtuosos e de *Yahoos* bestiais; Melville, a abominação e o amor à Baleia Branca; Franz Kafka, seus crescentes e sórdidos labirintos. Não há escritor de fama universal que não tenha amoedado um símbolo; este, convém recordar, nem sempre é objetivo e externo. Góngora ou Mallarmé, *verbi gratia*, perduram como tipos do escritor que laboriosamente elabora uma obra secreta; Whitman, como protagonista semidivino de *Leaves of Grass*. De Quevedo, ao contrário, perdura apenas uma imagem caricatural. "O mais nobre estilista espanhol transformou-se em um protótipo do chasqueador", observa Leopoldo Lugones (*El imperio jesuítico*, 1904, p. 59).

Lamb disse que Edmund Spenser era *the poets' poet*, o poeta dos poetas. De Quevedo seria preciso resignar-se a dizer que é o literato dos literatos. Para gostar de Quevedo é preciso ser (em ato ou em potência) um homem de letras; inversamente, ninguém que tenha vocação literária pode não gostar de Quevedo.

A grandeza de Quevedo é verbal. Julgá-lo um filósofo, um teólogo ou (como quer Aureliano Fernández Guerra) um homem de Estado é um erro que podem permitir os títulos de suas obras, não o conteúdo. Seu tratado *Providencia de Dios, padecida de los que la niegan y gozada de los que la confiesan: doctrina estudiada en los gusanos y persecuciones de Job* prefere a intimidação ao argumento. Como Cícero (*De natura deorum*, II, 40-4), prova uma ordem divina mediante a ordem que se observa nos astros, "dilatada república de luzes", e, determinada essa variante estelar do argumento cosmológico, acrescenta: "Poucos foram os que absolutamente negaram que havia Deus; exporei à vergonha os que pouca tiveram, e são: Diágoras de Mileto, Protágoras de Abdera, discípulos de Demócrito e Teodoro (vulgarmente chamado Ateu), e Bião de Boristenas, discípulo do imundo e desatinado Teodoro", o que é mero terrorismo. Há na história da filosofia doutrinas, provavelmente falsas, que exercem um obscuro encanto sobre a imaginação dos homens: a doutrina platônica e pitagórica do trânsito da alma por muitos corpos, a doutrina gnóstica de que o mundo é obra de um deus hostil ou rudimentar. Quevedo, apenas um estudioso da verdade, é invulnerável a esse encanto. Escreve que a transmigração das almas é "bobagem bestial" e "loucura brutal". Empédocles de Agrigento afirmou: "Fui um menino, uma moça, um bosque, um pássaro e um mudo peixe que surge do mar"; Quevedo anota (*Providencia de Dios*): "Descobriu-se como juiz e legislador dessa tropelia Empédocles, homem tão desatinado que, afirmando que havia sido peixe, mudou-se em tão contrária e oposta natureza que morreu borboleta do Etna; e à vista do mar, do qual havia sido habitante, precipitou-se no fogo". Aos gnósticos, Quevedo tacha-os de infames, de malditos, de loucos e de inventores de disparates (*Zahurdas de Plutón, in fine*).

Sua *Política de Dios y gobierno de Cristo nuestro Señor* deve ser considerada, segundo Aureliano Fernández Guerra, "um sistema completo de governo, o mais acertado, nobre e conveniente". Para estimar o valor desse parecer, baste-nos recordar que os 47 capítulos desse livro ignoram outro fundamento além da curiosa hipótese de que os atos e palavras de Cristo (que foi, como se sabe, *Rex Judaeorum*) são símbolos secretos, à luz dos quais o político deve resolver seus problemas. Fiel a essa cabala, Quevedo extrai, do episódio da samaritana, que os tributos que os reis exigem devem ser leves; do episódio dos pães e dos peixes, que os reis devem remediar as necessidades; da repetição da fórmula *sequebantur*, que "o rei deve conduzir os ministros, não os ministros o rei"... O assombro vacila entre o arbitrário do método e a trivialidade das conclusões. Quevedo, no entanto, consegue salvar tudo, ou quase, com a dignidade da linguagem.[1] O leitor distraído pode julgar-se edificado por essa obra. Análoga discrepância percebe-se no *Marco Bruto*, em que o pensamento não é memorável, embora suas cláusulas o sejam. Alcança sua perfeição, nesse tratado, o mais imponente dos estilos que Quevedo exerceu. O espanhol, em suas páginas lapidares, parece regressar ao árduo latim de Sêneca, de Tácito e de Lucano, ao atormentado e duro latim da idade de prata. O ostentoso laconismo, o hipérbato, o quase algébrico rigor, a oposição de termos, a aridez, a repetição de palavras dão a esse texto uma precisão ilusória. Muitos períodos merecem, ou exigem, o julgamento de perfeitos. Este, *verbi gratia*, que transcrevo: "Honraram com algumas folhas de louro uma fronte; deram satisfação com uma insígnia no escudo a uma linhagem; pagaram grandes e soberanas

---

[1] Reyes certeiramente observa (*Capítulos de literatura española*, 1939, p. 133): "As obras políticas de Quevedo não propõem uma nova interpretação dos valores políticos e não tem agora mais que valor retórico... Ou são panfletos de circunstância, ou são obras de declamação acadêmica. A *Política de Dios*, apesar de sua ambiciosa aparência, não passa de um arrazoado contra os maus ministros. Mas entre essas páginas podem ser encontrados alguns dos traços mais próprios de Quevedo".

vitórias com as aclamações de um triunfo; recompensaram vidas quase divinas com uma estátua; e, para que não decaíssem de prerrogativas de tesouro os ramos e as relvas e o mármore e as vozes, não foram permitidas à pretensão, e sim ao mérito". Outros estilos Quevedo frequentou, com não menos felicidade: o estilo aparentemente oral do *Buscón*, o estilo desaforado e orgiástico (mas não ilógico) de *La hora de todos*.

"A linguagem", observou Chesterton (*G. F. Watts*, 1904, p. 91), "não é um fato científico, mas artístico; inventaram-na guerreiros e caçadores e é muito anterior à ciência." Nunca a entendeu assim Quevedo, para quem a linguagem foi, essencialmente, um instrumento lógico. As trivialidades ou eternidades da poesia — águas equiparadas a cristais, mãos equiparadas a neve, olhos que brilham como estrelas e estrelas que miram como olhos — incomodavam-no por serem fáceis, mas muito mais por serem falsas. Esqueceu, ao censurá-las, que a metáfora é o contato momentâneo de duas imagens, não a metódica assimilação de duas coisas... Também abominou os idiotismos. Com o propósito de "expô-los à vergonha", urdiu com eles a rapsódia que se intitula *Cuento de cuentos*; muitas gerações, extasiadas, preferiram ver nessa redução ao absurdo um museu de primores, divinamente destinado a salvar do esquecimento as locuções *zurriburri, abarrisco, cochite hervite, quítame allá esas pajas* e *a trochimoche*.*

---

* *Zurriburri*: sujeito desprezível, canalha; confusão. *Abarrisco*, ou *barrisco*: conjuntamente e sem distinção. *Cochite y hervite*: feito rápida e atabalhoadamente; pessoa precipitada. *Quítame Allá esas pajas* (por um): por dá cá aquela palha (por motivo frívolo). *Trochimoche* (a), ou *a troche y moche*: sem medida nem ordem (a trouxe-mouxe).

Quevedo foi equiparado, mais de uma vez, a Luciano de Samósata. Há uma diferença fundamental: Luciano, ao combater no século II as divindades olímpicas, faz obra de polêmica religiosa; Quevedo, ao repetir esse ataque no século XVII de nossa era, limita-se a observar uma tradição literária.

Examinada, ainda que brevemente, sua prosa, passo a discutir sua poesia, não menos múltipla.

Considerados documentos de uma paixão, os poemas eróticos de Quevedo são insatisfatórios; considerados jogos de hipérboles, deliberados exercícios de petrarquismo, costumam ser admiráveis. Quevedo, homem de apetites veementes, nunca deixou de aspirar ao ascetismo estoico; também deve ter lhe parecido insensato depender de mulheres ("bem-avisado é aquele que usa de suas carícias e não se fia nestas"); bastam esses motivos para explicar a artificialidade voluntária daquela *Musa IV* de seu *Parnaso*, que "canta façanhas do amor e da formosura". O acento pessoal de Quevedo está em outros poemas; naqueles que lhe permitem publicar sua melancolia, sua coragem ou seu desengano. Por exemplo, neste soneto que enviou, de sua Torre de Juan Abad, a dom José González de Salas (*Musa II*, 109):

Retirado en la paz de estos desiertos,
con pocos, pero doctos, libros juntos,
vivo en conversación con los difuntos
y escucho con mis ojos a los muertos.

Si no siempre entendidos, siempre abiertos,
o enmiendan o secundan mis asuntos,

*y en músicos callados contrapuntos
al sueño de la vida hablan despiertos.*

*Las grandes almas que la muerte ausenta,
de injurias de los años vengadora,
libra, oh gran don Joseph, docta la Imprenta.*

*En fuga irrevocable huye la hora,
pero aquélla el mejor cálculo cuenta,
que en la lección y estudios nos mejora.**

Não faltam traços conceptistas ao poema anterior (escutar com os olhos, falar despertos ao sonho da vida), mas o soneto é eficaz apesar deles, não por causa deles. Não direi que se trata de uma transcrição da realidade, porque a realidade não é verbal, mas sim que suas palavras importam menos que a cena que evocam ou que o acento viril que parece animá-las. Isso nem sempre acontece; no mais ilustre soneto deste volume — "Memoria inmortal de don Pedro Girón, duque de Osuna, muerto en la prisión" —, a esplêndida eficácia do dístico

*Su Tumba son de Flandes las Campañas
y su Epitaphio la sangrienta Luna***

---

* Retirado nos desertos sossegados,/ com poucos, porém doutos, livros juntos,/ vivo em conversação com os defuntos/ e escuto com meus olhos os finados.// Se nem sempre entendidos, sempre abertos,/ ou emendam ou secundam os meus pontos,/ e em músicos calados contrapontos/ ao sonho da vida falam despertos.// As grandes almas que a morte ausenta,/ de injúrias dos anos, vingadora,/ livra, ó grande dom Joseph, douta a Imprensa.// Em fuga irrevogável foge a hora;/ mas aquela o melhor cálculo assenta,/ que na lição e estudos nos melhora.

** Sua Tumba são de Flandres as Campanhas,/ e seu Epitáfio a sangrenta Lua.

é anterior a toda interpretação e não depende dela. Digo o mesmo da expressão subsequente, o pranto militar, cujo sentido não é enigmático, mas corriqueiro: o pranto dos militares. Quanto à sangrenta Lua, é melhor ignorar que se trata do símbolo dos turcos, eclipsado por não sei que piratarias de dom Pedro Téllez Girón.

Não raro, o ponto de partida de Quevedo é um texto clássico. Assim, a memorável linha (*Musa IV*, 31):

Polvo serán, mas Polvo enamorado*

é uma recriação, ou exaltação, de uma de Propércio (*Elegias, I*, 19):

Ut meus oblito pulvis amore vacet.**

Vasto é o âmbito da obra poética de Quevedo. Compreende pensativos sonetos, que de algum modo prefiguram Wordsworth; opacas e rangentes severidades;[2]

---

* "E hão de ser pó, mas pó enamorado."
** "Que a minha cinza fique livre de um amor que me esqueceu."
2 *Temblaron los umbrales y las puertas,*
donde la majestad negra y oscura
las frías desagradas sombras muertas
oprime en ley desesperadas y dura;
las tres gargantas al ladrido abiertas,
viendo la nueva luz divina y pura,
enmudeció Cerbero, y de repente
hondos suspiros dio la negra gente.

Gimió debajo de los pies el suelo,
desiertos montes de ceniza canos,
que no merecen ver ojos del cielo,

bruscas magias de teólogo ("Com los doce cené: yo fui la cena");* gongorismos intercalados, para provar que também ele era capaz de jogar esse jogo;³ urbanidades e doçuras da Itália ("humilde solidão verde e sonora"); variantes de Pérsio, de Sêneca, de Juvenal, das Escrituras, de Joachim du Bellay; brevidades latinas; chocarrices;⁴ escárnios

---

y en nuestra amarillez ciegan los llanos.
Acrecentaban miedo y desconsuelo
los roncos perros, que en las reinos vanos
molestan el silencio y los oídos,
confundiendo lamentos y ladridos.
(Musa IX)

Tremeram os umbrais e essas portas,/ onde a majestade negra e obscura/ as frias dessangradas sombras mortas/ oprime em lei desesperada e dura;/ as três gargantas ao ladrido abertas,/ fitando a nova luz divina e pura,/ Cérbero tornou mudo, e de repente/ fundos suspiros deu a negra gente.// Gemeu debaixo de seus pés o solo,/ os desertos montes de cinza canos,/ que de olhos do céu ver não tem o consolo,/ e em nossa palidez cegam os lhanos./ Acrescentavam medo e desconsolo/ os roucos cães, que por reinos levianos/ incomodam o silêncio e os ouvidos,/ confundindo lamentos e ladridos.

* "Com os doze ceei: eu fui a ceia."

3 *Um animal a la labor nacido*
y símbolo celoso a los mortales,
que a Jove fue disfraz, y fue vestido;
que un tiempo endureció manos reales,
y detrás de él los cónsules gimieron,
y rumia luz en campos celestiales.
(Musa II)

Um animal para o labor nascido/ e símbolo zeloso dos mortais,/ foi para Jove disfarce, e foi vestido;/ num tempo, endurecido por mãos reais,/ e atrás dele os cônsules gemeram,/ e luz rumina em campos celestiais.

4 *La Méndez llegó chillando*
con trasudores de aceite,
derramando por los hombros
el columpio de las liendres.
(Musa V)

de curioso artifício;⁵ lúgubres pompas da aniquilação e do caos.

Os melhores poemas de Quevedo existem para além da emoção que os gerou e das ideias comuns que os informam. Não são obscuros; eludem o erro de perturbar, ou de distrair, com enigmas, diferentemente de outros de Mallarmé, de Yeats e de George. São (para dizê-lo de algum modo) objetos verbais, puros e independentes como uma espada ou como um anel de prata. Este, por exemplo:

Harta la Toga del veneno tirio,
o ya en el oro pálido y rigente
cubre con los thesoros del Oriente,
mas no descansa, ¡oh Licas!, tu martirio.

Padeces un magnífico delirio,
cuando felicidad tan delincuente
tu horror oscuro en esplendor te miente,
víbora en rosicler, áspid en lirio.

Competir su Palacio a Jove quieres,
pues miente el oro Estrellas a su modo,
en el que vives, sin saber que mueres.

A Méndez chegou chiando/ com transnudações de óleo/ derramado pelos ombros/ o baloço das lêndeas.
5 *Aquesto Fabio cantaba*
a los balcones y rejas
de Aminta, que aun de olvidarlo,
le han dicha que no se acuerda.
(Musa VI)

Aquele Fábio cantava/ para as sacadas e grades/ de Aminta, que de esquecê-lo/ disseram-lhe, não se lembra.

> *Y en tantas glorias tú, señor de todo,*
> *para quien sabe examinarte, eres*
> *lo solamente vil, el asco, el lodo.**

Trezentos anos completou a morte corporal de Quevedo, mas ele continua sendo o primeiro artífice das letras hispânicas. Como Joyce, como Goethe, como Shakespeare, como nenhum outro escritor, Francisco de Quevedo é menos um homem que uma dilatada e complexa literatura.

FRANCISCO DE QUEVEDO, *Prosa y verso*. Seleção e notas de J. L. B. e Adolfo Bioy Casares. Prólogo de J. L. B. Buenos Aires: Emecé Editores, Clásicos Emecé, 1948.

Pós-escrito de 1974

Quevedo inicia o declínio da literatura espanhola, que teve tão generoso princípio. Depois viria a caricatura, Gracián.

---

* Farta a Toga do veneno tírio,/ ou já no ouro rijo e palente,/ cobre com os tesouros do Oriente,/ mas não descansa, ó Licas!, teu martírio.// Padeces magnífico delírio,/ quando exultação tão delinquente/ teu horror obscuro em esplendor te mente,/ víbora em rosicler, áspide em lírio.// Disputar seu Palácio a Jove queres,/ pois mente o ouro Estrelas ilusórias,/ e assim tu vives, sem saber que morres.// E tu, senhor de tudo, em tanta glória,/ para quem sabe examinar-te, és/ o unicamente vil, o asco, a escória.

attilio rossi

buenos aires a nanquim

Que essas sensíveis e precisas imagens de nossa querida cidade sejam obras de um espectador italiano é coisa que não nos deve assombrar. No arquitetônico, Buenos Aires tendeu a se afastar do espanhol, como já se afastara no político; diferir dos pais talvez seja uma fatalidade dos filhos. Há aqueles que tentam ignorar ou corrigir essa propensão; obstinadamente, perpetram edifícios "coloniais", edifícios demasiado visíveis — a nova Ponte Alsina, digamos, com seu traçado caricatural de muralha chinesa — que não se fundem no restante da cidade e permanecem feito monstros isolados. Com ou sem justificativa, Buenos Aires atenuou o espanhol e tendeu ao italiano; italianos foram os traços diferenciais de sua arquitetura, a balaustrada, o terraço, as colunas, o arco. Italianos foram os jarrões de alvenaria que havia na entrada das chácaras.

Em algum tempo, o conceito de paisagens urbanas deve ter sido paradoxal; não sei quem o introduziu nas artes plásticas; salvo algum exercício satírico (*A Description of the Morning*, *A Description of a City Shower*, de Swift), sua aparição na literatura, que eu me lembre, não é anterior a Dickens... Este livro evidencia a felicidade com que Rossi cultiva tal gênero; das muitas imagens que o formam, as mais admiráveis, penso, são as que refletem o bairro Sur. Isso, por certo, não é casual. Mais que uma determinada zona da cidade, mais que a zona que definem o Paseo Colón e as ruas Brasil, Victoria, Entre Ríos, o Sur é a substância original de que é feita Buenos Aires, a forma universal ou ideia platônica de Buenos Aires. O pátio, a porta-cancela, o vestíbulo são (ainda) Buenos Aires; sobrevivem, patéticos, no Centro e em bairros do Oeste e do Norte; nunca os vemos sem pensar no Sur. Não sei se posso intercalar, aqui, uma mínima confissão. Há trinta anos, propus-me cantar meu bairro de Palermo; celebrei com metros de Whitman as escuras figueiras e os baldios, as casas baixas e as esquinas rosadas; redigi uma biografia de Carriego; conheci um homem que tinha sido caudilho; ouvi com veneração os trabalhos de Suárez, o Chileno, e de Juan Muraria, homens da faca incomparáveis. Um armazém iluminado na noite, um rosto de homem, uma música trazem-me por vezes o sabor do que procurei nesses versos; essas restituições, essas confirmações, agora, só me ocorrem no Sur. Eu, que acreditei cantar Palermo, havia cantado o Sur, porque não há um palmo de Buenos Aires que pudorosamente, intimamente, não seja, *sub quadam specie aeternitatis*,* o Sur. O Oeste é uma heterogênea rapsódia de formas do Sur e formas do Norte; o Norte é símbolo imperfeito de nossa nostalgia da Europa. (Também são bairro Sur as outras cidades deste lado da América, Mon-

---

* "De uma certa perspectiva de eternidade."

tevidéu, La Plata, Rosário, Santiago del Estero, Dolores.) A arquitetura é uma linguagem, uma ética, um estilo vital; na do bairro Sur — e não nas casas de telhado, nas de terraço — sentimo-nos confessos os argentinos.

À afirmação anterior, pode-se contestar que o estilo que julguei essencial está condenado a morrer, já que as novas construções o ignoram e as antigas não podem pretender ser perpétuas. Não está longe o dia em que não reste um único pátio axadrezado, uma única porta-cancela. Realmente, não sei o que responder a essa objeção. Sei que Buenos Aires, algum dia, encontrará seu outro estilo, e que essas formas vindouras preexistem (secretas e evasivas para meus olhos, claras para o futuro) nas deleitáveis páginas deste livro.

ATTILIO ROSSI, *Buenos Aires en tinta china.* Prólogo de J. L. B. Buenos Aires: Editorial Losada, Biblioteca Contemporánea, 1951.

Pós-escrito de 1974

A passagem de Swift que mencionei procede, verossimilmente, de Juvenal.

domingo f. sarmiento
lembranças de província

Tão infiel e tão rudimentar é a arte da análise literária, a disciplina que os antigos chamaram de retórica e que agora (creio) costumamos denominar *estilística*, que hoje em dia, ao fim de um autoritário exercício de vinte séculos, quase nunca está apta a expor a eficácia dos textos que lhe propõem. É claro que as dificuldades variam. Há escritores — Chesterton, Mallarmé, Quevedo, Virgílio — não inacessíveis à análise; nenhum procedimento, nenhuma felicidade há neles que não possa explicar, ainda que parcialmente, o retórico. Outros — Joyce, Whitman, Shakespeare — incluem zonas refratárias a qualquer exame. Outros, ainda mais misteriosos, não são analiticamente justificáveis. Não há uma de suas frases, examinada, que não seja corrigível; qualquer homem de letras pode apontar seus erros; as observações são lógicas, o texto original talvez não o seja; no entanto, esse incriminado texto é eficacíssimo, embora não saibamos por quê. A essa categoria de escritores, que a mera razão não pode explicar, pertence nosso Sarmiento. A afirmação anterior, naturalmente, não significa que a arte idiossincrática de Sarmiento seja menos literária que a de outros, menos puramente verbal; significa, conforme insinuei no início, que é demasiado complexa — ou talvez demasiado simples — para a análise. A virtude da literatura de Sarmiento fica demonstrada por sua eficácia. O curioso leitor pode comparar algum episódio desses *Recuerdos*, ou de qualquer outro livro autobiográfico de sua pena, com a correspondente versão do mesmo episódio nas trabalhadas páginas de Lugones; linha por linha, a versão de Lugones é superior; em conjunto, é muito mais comovente e patética a de Sarmiento. Qualquer um pode corrigir o que ele escreveu; ninguém pode igualá-lo.

Recuerdos de provincia é, além disso, um livro riquíssimo; nesse caos venturoso é possível, até, encontrar páginas antológicas. Uma delas, não a mais célebre, mas a mais memorável, é a história de dom Fermín Mallea e de seu criado, página que seria fácil dilatar em um longo relato psicológico, sem nenhum acréscimo essencial. Tampouco falta a excelente ironia: por exemplo, quando se defende que Rosas seja chamado de Herói do Deserto "porque soube despovoar sua pátria" (p. 169).

O decurso do tempo muda os livros; *Recuerdos de provincia*, relido e revisto em fins de 1943, não é certamente o livro que eu percorri há vinte anos. O insípido mundo, nessa data, parecia irreversivelmente afastado de toda violência; Ricardo Güiraldes evocava com nostalgia (e exagerava epicamente) a dureza da vida dos tropeiros; alegrava-nos imaginar que na alta e bélica cidade de Chicago metralhavam-se os contrabandistas de álcool; eu perseguia com vã tenacidade, com afã literário, os últimos rastros dos homens da faca dos arrabaldes. Tão manso, tão irreparavelmente pacífico nos parecia o mundo que brincávamos com ferozes anedotas e deplorávamos "o tempo de lobos, tempo de espadas" (*Edda Maior*, I, 37) que haviam merecido outras gerações mais venturosas. *Recuerdos de provincia* era, então, o documento de um passado irrecuperável e, portanto, grato, já que ninguém sonhava que seus rigores pudessem regressar e nos alcançar. Lembro que em suas páginas e nas páginas congêneres do *Facundo* pareciam-me inúteis e, talvez, demasiado evidentes as diatribes contra o primeiro dos caudilhos, Artigas; contra um dos penúltimos, Rosas. A perigosa realidade descrita por Sarmiento era, na época, distante e inconcebível; agora é contemporânea. (Corroboram minha assertiva os telegramas europeus e asiáticos.) A única diferença é que a barbárie, antes impremeditada, instintiva, agora é aplicada e consciente e dispõe de meios mais coercitivos que a lança *montonera* de Quiroga ou os gumes embotados da ditadura de Rosas.

Falei de crueldade; o exame deste livro demonstra que a crueldade não foi o maior mal dessa época sombria. O maior mal foi a estupidez, a dirigida e a fomentada barbárie, a pedagogia do ódio, o regime embrutecedor de divisas, vivas e mortas. Como disse Lugones: "É isso que não se pode perdoar a Rosas: a esterilidade de vinte anos em um país que aos cem progrediu como vemos" (*Historia de Sarmiento*, capítulo quarto).

A primeira edição de *Recuerdos de provincia* apareceu em Santiago do Chile, em 1850. Sarmiento estava com 39 anos, na época. Historiava sua vida, historiava as vidas dos homens que haviam gravitado em seu destino e no de seu país, historiava sucessos quase imediatos, de repercussão dolorosa. A forma dos fatos contemporâneos costuma ser indistinta; é preciso que se passe muito tempo antes que possamos perceber sua configuração geral, sua básica e secreta unidade. Sarmiento executa a proeza de ver historicamente a atualidade, de simplificar e intuir o presente como se já fosse o passado. Agora são muitas as biografias; centenas de exemplos desse gênero fatigam as prensas; quantas ultrapassam e interpretam os fatos circunstanciais que narram, como faz Sarmiento? Sarmiento vê seu destino pessoal em função do destino da América; certa vez afirma, explicitamente: "Em minha vida tão destituída, tão contrariada i, no entanto, tão perseverante na aspiração de um não sei quê elevado i nobre, parece-me ver retratada esta pobre América do Sul, ajitando-se em seu nada, fazendo esforços supremos para abrir suas asas i lacerando-se, a cada tentativa, contra os ferros da gaiola".* Sua visão ecumênica não embaça sua visão dos indivíduos. Fatalmente, tendemos a ver no passado uma rígida publicação de meras estátuas. Sarmiento descobre-nos os homens que agora são bronze ou mármore: "aquela juventude arjentina que fora representada na guerra por Necochea, Lavalle, Suárez, Pringles i tantos calaveiras brilhantes, os primeiros nas batalhas, os primeiros para com as damas, i, se o caso se apresentava, nunca os derradeiros nos duelos, na orjia i nas dissipações juvenis"; o deão Funes, "que, ao aspirar o perfume de uma flor, sentiu-se morrer e disse isso aos meigos objetos de seu afeto, sem surpresa, como se já esperasse pelo acontecido"... Agora não é difícil a visão de nossas guerras civis e das tiranias que as coroaram (escrevo *tiranias* porque suponho que os

---

* Adotamos as formas fonéticas usadas por Sarmiento e mantidas por Borges: "i" por "e", "j" por "g".

diversos lugares-tenentes não eram menos poderosos que o Restaurador, já que um deles o derrubou); para seus infelizes contemporâneos, a época não era menos inexplicável que para nós no ano de 1943.

Sarmiento, múltiplo inimigo da Espanha, não se deslumbra, no entanto, com a glória militar da Revolução; julga-a prematura, sabe que o dilatado e quase despovoado país não era, então, capaz de um exercício razoável de sua liberdade, e deixa-nos esta observação: "As colônias espanholas tinham sua maneira de ser i se davam bem, sob a branda tutela do rei; mas vós haveis inventado reis com longas esporas nazarenas, mal desmontados dos potros que domavam nas estâncias". A alusão é límpida; no mesmo capítulo, afirma: "Rosas é o discípulo do Dr. Francia i de Artigas em suas atrocidades, i o herdeiro da Inquisição espanhola em sua perseguição aos homens de saber i aos estrangeiros".

Paradoxalmente, Sarmiento foi tachado de bárbaro. Aqueles que não queriam compartilhar sua aversão pelo *gaucho* afirmam que ele também era um *gaucho*, comparando, de algum modo, o ímpeto bravio de um nas disciplinas rurais ao ímpeto bravio do outro na conquista da cultura. A acusação, como se vê, não passa de mera analogia, sem outra justificativa que a circunstância de que o estado do país era rudimentar e salpicava todos de violência, uns mais, outros menos. Groussac, em uma improvisação necrológica, feita quase exclusivamente de hipérboles, exagera a rudeza de Sarmiento, chama-o de "o formidável *montonero* da batalha intelectual" e compara-o previsivelmente a uma torrente andina. (Gramaticalismos à parte, Groussac é menos universal que Sarmiento:

este difere de quase todos os argentinos; aquele se presta à confusão com todos os universitários da França.) O certo é que Sarmiento pôs no culto do Progresso um fervor primitivo; Rosas (menos impulsivo, menos genial) deliberadamente exagerou sua afinidade com os rústicos, afetação que continua iludindo o presente e que transforma esse enigmático fazendeiro-burocrata em um *montonero* temerário à Pancho Ramírez ou à Quiroga.

Nenhum espectador argentino tem a clarividência de Sarmiento. Sobre o que foi a conquista desta parte da América: fragmentária e lentíssima ocupação de quase desertas planícies. Sabe que a revolução, em troca de emancipar todo o continente e de alcançar vitórias argentinas no Peru e no Chile, abandonou, ainda que transitoriamente, o país às forças da ambição pessoal e da rotina. Sabe que nosso patrimônio não deve ser reduzido aos haveres do índio, do *gaucho* e do espanhol; que podemos aspirar à plenitude da cultura ocidental, sem exclusão alguma.

Negador do pobre passado e do ensanguentado presente, Sarmiento é o paradoxal apóstolo do futuro. Acredita, como Emerson, que no centro do homem está seu destino; acredita, como Emerson, que a evidência de que esse destino vai se cumprir é a esperança ilógica. Substância das coisas que se esperam, demonstração de coisas não vistas, assim definiu São Paulo a fé... Em um incompatível mundo heteróclito de provincianos, de uruguaios e de portenhos, Sarmiento é o primeiro argentino, o homem sem limitações locais. Sobre as pobres terras despedaçadas, quer fundar a pátria. Em 1867, escreve a Juan Carlos Gómez: "Montevidéu é uma miséria, Buenos Aires uma aldeia, a República Argentina uma estância. Os Estados do Prata, reunidos, são um centro de potência de primeira ordem, um pedaço do mundo, uma frente da raça enfreada na América, a tela para grandes coisas" (Luis Melián Lafinur: *Semblanzas del pasado*, I, 243).

Ninguém pode ler este livro sem professar, pelo valoroso homem morto que o escreveu, um sentimento que supera a veneração e a admiração: a plena e indulgente amizade. "*Who touches this book, touches a man*", poderia ter escrito Sarmiento no término da obra. Há os que julgam que este livro deve sua autoridade a Sarmiento, e boa parte de sua fama, à do autor; esquecem que Sarmiento, para a geração atual de argentinos, é o homem criado por este livro.

DOMINGO F. SARMIENTO, *Recuerdos de provincia*. Prólogo e notas de J. L. B. Buenos Aires: Emecé Editores, Colección El Navio, 1944.

Pós-escrito de 1974

Sarmiento continua formulando a alternativa: civilização ou barbárie. Já se sabe a escolha dos argentinos. Se em vez de canonizar o *Martín Fierro* tivéssemos canonizado o *Facundo*, outra seria nossa história, e melhor.

domingo f. sarmiento
facundo

Único no século XIX e sem herdeiro no nosso, Schopenhauer pensava que a história não evolui de maneira precisa e que os fatos que narra não são menos casuais que as nuvens, nas quais nossa fantasia acredita perceber configurações de baías ou de leões. (*"Sometimes we see a cloud that's dragonish"*, lemos em *Antônio e Cleópatra*.) A história é um pesadelo do qual quero acordar, confirmaria James Joyce. Mais numerosos, naturalmente, são os que percebem ou declaram que a história encerra um desenho, evidente ou secreto. Baste-me recordar, um pouco ao acaso da pena, os nomes do tunisino Ibn Khaldun, de Vico, de Splenger e de Toynbee. O *Facundo* propõe-nos uma alternativa — civilização ou barbárie — que é aplicável, a meu ver, ao processo cabal de nossa história. Para Sarmiento, a barbárie era a planície das tribos aborígines e do *gaucho*; a civilização, as cidades. O *gaucho* foi substituído por colonos e operários; a barbárie não está apenas no campo, mas na plebe das grandes cidades, e o demagogo cumpre a função do antigo caudilho, que era também um demagogo. A alternativa não mudou.

Sub specie aeternitatis,* o *Facundo* é ainda a melhor história argentina.

Por volta de 1845, de seu desterro chileno, Sarmiento pôde vê-la cara a cara, talvez em uma única intuição. É lícito conjeturar que o fato de ter percorrido pouco o país, apesar de suas denodadas aventuras de militar e de mestre, favorecesse a adivinhação genial do historiador. Através do fervor de suas vigílias, através de Fenimore Cooper e do utópico Volney, através da esquecida *Cautiva*, através de sua inventiva memória, através do profundo amor e do ódio justificado, o que viu Sarmiento?

Já que medimos o espaço pelo tempo que demoramos para percorrê-lo, já que as tropas de carroças demoravam meses para vencer os morosos desertos, viu um território muito mais dilatado que o de agora. Viu a contemporânea miséria e a vindoura grandeza. A conquista fora superficial; a batalha de San Carlos, que talvez tenha sido a decisiva, seria travada em 1872. Houve, sem dúvida, tribos inteiras de índios, principalmente ao Sul, que não desconfiaram da ameaça do homem branco. Nas planícies adubadas pelo gado bravio que elas nutriam, o cavalo e o touro procriavam. Cidades empoeiradas, espalhadas quase ao acaso — Córdoba em um grotão, Buenos Aires na barrosa margem do rio —, remedavam a distante Espanha da época. Eram, como agora, monótonas: o tabuleiro hispânico e a desmantelada praça no meio. Fomos o vice-reinado mais austral e mais esquecido. De vez em quando, propagavam-se atrasadas notícias: a rebelião de uma colônia britânica, a execução de um rei em Paris, as guerras napoleônicas, a invasão da

---

* "Da perspectiva da eternidade."

Espanha. Também, alguns livros quase secretos que encerravam doutrinas heterodoxas, e cujo fruto foi certa manhã do dia 25 de Maio. É costume esquecer a significação intelectual das datas históricas; os livros a que aludo foram lidos com fervor pelo grande Mariano Moreno, por Echeverría, por Varela, por Juan Crisóstomo Lafinur, nascido em San Luis de la Punta, e pelos homens do Congresso de Tucumán. No deserto, essas quase incomunicadas cidades eram a civilização.

Como nas demais regiões americanas, do Oregon e Texas até o outro extremo do continente, povoava as campanhas uma linhagem peculiar de pastores equestres. Aqui, no sul do Brasil e nas coxilhas do Uruguai, chamaram-se *gauchos*. Não eram um tipo étnico: por suas veias podia ou não correr sangue índio. Definia-os seu destino, não sua ascendência, que lhes importava muito pouco e que, em geral, ignoravam. Entre as vinte e tantas etimologias da palavra *gaucho*, a menos inverossímil é a de *huacho*, que Sarmiento aprovou. Ao contrário dos *cowboys* do Norte, não eram aventureiros; ao contrário de seus inimigos, os índios, nunca foram nômades. Sua morada era o estável rancho de barro, não as errantes tolderias. No *Martín Fierro* lê-se:

> *Es triste dejar sus pagos*
> *y largarse a tierra agena*
> *llevándose la alma llena*
> *de tormentos y dolores,*
> *mas nos llevan los rigores*
> *como el pampero a la arena.**

* É triste deixar seus pagos,/ largar-se pra terra alheia,/ levando a alma cheia/ de tormentos e de dores,/ mas nos levam os rigores/ como o pampeiro a areia.

As correrias de Fierro não são as de um aventureiro; são sua infelicidade.

A literatura gauchesca — esse curioso dom de gerações de escritores urbanos — exagerou, parece-me, a importância do *gaucho*. Contrariamente aos devaneios da sociologia, a nossa é uma história de indivíduos e não de massas. Hilario Ascasubi, que Sarmiento chamaria de "o bardo plebeu, temperado no fogo das batalhas", celebrou *Los gauchos del Río de la Plata, cantando y combatiendo hasta postrar al tirano Juan Manuel de Rosas y a sus satélites,* mas podemos perguntar se os *gauchos* de Güemes, que deram a vida pela Independência, terão sido muito diferentes dos que comandou Facundo Quiroga, que a ultrajaram. Foram gente rudimentar. Faltou-lhes o sentimento da pátria, coisa que não deve surpreender-nos. Quando os invasores britânicos desembarcaram perto de Quilmes, os *gauchos* do lugar se reuniram para ver com mera curiosidade esses homens altos, de brilhante uniforme, que falavam um idioma desconhecido. Buenos Aires, a população civil de Buenos Aires (não as autoridades, que fugiram), encarregou-se de expulsá-los, sob o comando de Liniers. O episódio do desembarque é notório, e Hudson o comenta.

Sarmiento compreendeu que, para a composição de sua obra, não lhe bastava um rústico anônimo e foi em busca de uma figura de mais relevo que pudesse personificar a barbárie. Encontrou-a em Facundo, leitor sombrio da Bíblia, que havia hasteado o negro pendão dos bucaneiros, com a caveira, as tíbias e a sentença *Religião ou Morte.* Rosas não lhe servia. Não era exatamente um caudilho, nunca manejara uma lança e oferecia o notório inconveniente de não estar morto. Sarmiento precisava de um fim trágico. Ninguém mais apto para o bom exercício de sua pena que o predestinado Quiroga, que morreu crivado e apunhalado em uma carroça. O destino foi misericordioso com esse homem de La Rioja; deu-lhe uma morte inesquecível e dispôs que Sarmiento a contasse.

A muitos interessam as circunstâncias em que um livro foi concebido. Deve fazer uns 35 anos, Alberto Palcos afagou metodicamente essa curiosidade, que, sem dúvida, é legítima. Transcrevo seu catálogo:

1. Desprestigiar Rosas e o caudilhismo e, consequentemente, o representante daquele no Chile, motivo ocasional da obra.
2. Justificar a causa dos emigrados argentinos ou, para empregar o vocábulo do próprio Sarmiento, santificá-la.
3. Fornecer aos últimos uma doutrina que lhes servisse de interpretação e de incentivo na luta, e uma grande bandeira de combate: a da Civilização contra a Barbárie.
4. Patentear suas formidáveis aptidões literárias em uma época em que essas se aproximavam de seu apogeu.
5. Incorporar seu nome à lista das primeiras figuras políticas prescritas, prevendo a mudança fundamental que sobreviria assim que desaparecesse a tirania.

Velho leitor de Stuart Mill, sempre aceitei sua doutrina da pluralidade das causas; o índice de Palcos não peca, em meu entender, por excesso, mas por incompleto e superficial. Conforme declara o compilador, limita-se aos propósitos de Sarmiento, e ninguém ignora que, em se tratando de obras do engenho — o *Facundo* certamente o é —, os propósitos são o de menos. O exemplo clássico é o *Quixote*; Cervantes quis parodiar os livros de cavalaria, e agora os recordamos por terem atiçado sua zombaria. O maior escritor comprometido de nossa época, Rudyard Kipling, compreendeu, no final da carreira, que se pode permitir a um autor a invenção de uma fábula, mas não a íntima compreensão de sua moral. Lembrou o curioso caso de Swift, que se propôs redigir um arrazoado contra o gênero humano e deixou um livro para crianças. Voltemos, pois, à secular doutrina de que o poeta é um amanuense do Espírito ou da Musa. A mitologia moderna, menos bela, opta por recorrer à subsconciência ou, mesmo, ao subconsciente.

Como em todas as gêneses, a criação poética é misteriosa. Reduzi-la a uma série de operações do intelecto, segundo a conjetura do *efeito* de Edgar Allan Poe, não é verossímil; menos ainda, como já disse, inferi-la de circunstâncias ocasionais. O propósito número um de Palcos, "desprestigiar Rosas e o caudilhismo e, consequentemente, o representante daquele no Chile", não poderia, por si só, ter gerado a imagem vívida de Rosas como esfinge, *metade mulher pelo covarde, metade tigre pelo sanguinário*, nem a invocação liminar "Sombra terrível de Facundo!".

A uns trinta anos do Congresso de Tucumán, a história ainda não havia assumido a forma de um museu histórico. Os próceres eram homens de carne e osso, não mármores ou bronzes ou quadros ou esquinas ou partidos. Mediante um singular sincretismo, nós os irmanamos a seus inimigos. A estátua equestre de Dorrego eleva-se perto da praça Lavalle; em certa cidade provinciana, foi-me dado ver o cruzamento das avenidas Berón de Astrada e Urquiza, que, se a tradição não mente, mandou degolar o primeiro.

Meu pai (que era um livre-pensador) costumava observar que o catecismo fora substituído nas aulas pela história argentina. O fato é evidente. Medimos o curso temporal por aniversários, centenários e até sesquicentenários, vocábulo derivado dos jocosos *sesquipedalia verba* de Horácio (palavras com um pé e meio de medida). Celebramos as datas de nascimento e as datas de morte.

Afora Güemes, que guerreou contra os exércitos espanhóis e valorosamente deu sua vida à pátria, e o general Bustos, que maculou sua carreira militar com a sublevação de Arequito, os caudilhos foram hostis à causa da América. Nela viram, ou quiseram ver, um pretexto de Buenos Aires para dominar as províncias. (Artigas proibiu os uruguaios de se alistarem no Exército dos Andes.) Urgido pela tese de seu livro, Sarmiento identificou-os com o *gaucho*. Eram, na realidade, terratenentes que mandavam seus homens para a luta. O pai de Quiroga era um oficial espanhol.

O *Facundo* erigido por Sarmiento é o personagem mais memorável de nossas letras. O estilo romântico do grande livro ajusta-se de maneira espontânea e, ao que parece, iniludível aos terríveis fatos que narra e ao terrível protagonista. As ulteriores modificações ou retificações de Urien, de Cárcano e de outros interessam-nos tão escassamente quanto o *Macbeth* de Holinshed ou o *Hamlet* (Amiothi) de Saxo Gramático.

Muitas imorredouras imagens legou Sarmiento à memória dos argentinos: a de Facundo, as de tantos contemporâneos, a de sua mãe e a sua própria, que não morreu e ainda é combatida. Paul Groussac, que não gostava dele, chamou-o de "formidável *montonero* da batalha intelectual" e elogiou "seus ataques de cavalaria contra a ignorância crioula".

Não direi que o *Facundo* é o primeiro livro argentino; as afirmações categóricas não são caminhos de convicção, mas de polêmica. Direi que, se o tivéssemos canonizado como nosso livro exemplar, outra seria nossa história, e melhor.

DOMINGO F. SARMIENTO, *Facundo*. Prólogo e notas de J. L. B. Buenos Aires: Librería "El Ateneo" Editorial, Libros Fundamentales Comentados, 1974.

marcel schwob

a cruzada das crianças

Se um viajante oriental — digamos, um dos persas de Montesquieu — nos pedisse uma prova do gênio literário da França, não seria inevitável recorrer às obras de Montesquieu ou aos setenta e tantos volumes de Voltaire. Seria suficiente que repetíssemos alguma palavra feliz (*arc-en-ciel*, que constrói um arco no céu) ou o descomunal título da história da Primeira Cruzada: *Gesta Dei per Francos*, que significa *Façanhas de Deus executadas por intermédio dos franceses*. *Gesta Dei per Francos*; não menos assombrosas que essas palavras foram tais impiedosas façanhas. Em vão os perplexos historiadores tentaram explicações de cunho racional, de cunho social, de cunho econômico, de cunho étnico; o fato é que, durante dois séculos, a paixão de resgatar o santo sepulcro dominou as nações do Ocidente, não sem maravilhamento, talvez, de sua própria razão. Em fins do século XI, a voz de um ermitão de Amiens — homem de mesquinha estatura, de ar insignificante (*persona contemptibilis*) e de olhos singularmente vivos — impulsiona a Primeira Cruzada; as cimitarras e as máquinas de Khalil, em fins do XIII, selam em São João de Acre a oitava. A Europa não empreende outra; a misteriosa e longa paixão, que provocou tanta crueldade desnecessária, e que Voltaire condenaria, chegara ao fim; a Europa se distrai de recuperar o sepulcro de Cristo. As cruzadas não fracassaram, diz Ernest Barker, simplesmente cessaram. Do frenesi que congregou tão vastos exércitos e planejou tantas invasões, restaram apenas umas poucas imagens, que séculos depois iriam refletir-se nos tristes e límpidos espelhos de *Gerusalemme*: altos cavaleiros revestidos de ferro, noites repletas de leões, terras de feitiçaria e de solidão. Mais dolorosa é outra imagem, de incontáveis crianças perdidas.

Em princípios do século XII, partiram da Alemanha e da França duas expedições de crianças. Acreditavam poder atravessar os mares sem molhar os pés. Pois acaso não as autorizavam e protegiam as palavras do Evangelho "Deixai vir a mim as crianças, e não as impeçais" (Lucas, 18,16)? Não havia declarado o Senhor que basta a fé para mover uma montanha (Mateus, 17,20)? Esperançosas, ignorantes, felizes, encaminharam-se aos portos do Sul. O previsto milagre não aconteceu. Deus permitiu que a coluna francesa fosse sequestrada por traficantes de escravos e vendida no Egito; a alemã perdeu-se e desapareceu, devorada por uma bárbara geografia e (conjetura-se) por pestes. *"Quo devenirent ignoratur."** Dizem que um eco perdurou na tradição do Flautista de Hamelin.

Em certos livros do Industão lê-se que o universo não passa de um sonho da imóvel divindade que está indivisa em cada homem; em fins do século XIX, Marcel Schwob — criador, ator e espectador desse sonho — tenta voltar

---

* "Ignora-se aonde tivessem chegado."

a sonhar o que havia sonhado muitos séculos antes, em solidões africanas e asiáticas: a história das crianças que quiseram resgatar o sepulcro. Não ensaiou, estou certo, a ansiosa arqueologia de Flaubert; preferiu saturar-se de velhas páginas de Jacques de Vitry ou de Ernoul e depois se entregar aos exercícios de imaginar e de selecionar. Sonhou, assim, ser o papa, ser o goliardo, ser as três crianças, ser o clérigo. Aplicou à tarefa o método analítico de Robert Browning, cujo longo poema narrativo *The Ring and the Book* (1868) nos revela, por meio de doze monólogos, a intrincada história de um crime, do ponto de vista do assassino, da vítima, das testemunhas, do advogado de defesa, do promotor, do juiz, do próprio Robert Browning... Lalou (*Littérature française contemporaine*, 282) elogiou a "sóbria precisão" com que Schwob narrou a "ingênua lenda"; eu acrescentaria que essa precisão não a torna menos legendária e menos patética. Acaso Gibbon não observou que o patético costuma surgir das circunstâncias miúdas?

MARCEL SCHWOB, *La cruzada de los niños*. Prólogo de J. L. B. Buenos Aires: Ediciones La Perdiz, 1949.

william shakespeare
macbeth

Hamlet, o dândi epigramático e enlutado da corte da Dinamarca, que, lento nas antessalas de sua vingança, prodiga concorridos monólogos ou brinca tristemente com a caveira mortal, interessou mais à crítica, já que estavam nele, de modo profético, tantos insignes personagens do século XIX: Byron e Edgar Allan Poe e Baudelaire e aqueles personagens de Dostoiévski que, de modo exacerbado, comprazem-se na morosa análise de seus atos. (Essas e muitas outras coisas, naturalmente: por exemplo, a dúvida — que é um dos nomes da inteligência —, e que no caso do dinamarquês não se limita à veracidade do espectro, mas a sua realidade e ao que nos espera depois da dissolução da carne.) O rei Macbeth sempre me pareceu mais verdadeiro, mais entregue a seu impiedoso destino que às exigências cênicas. Creio em Hamlet, mas não nas circunstâncias de Hamlet; creio em Macbeth e creio também em sua história.

"*Art happens*" (a arte acontece), declarou Whistler, mas a consciência de que jamais acabaremos de decifrar o mistério estético não se opõe ao exame dos fatos que o tornaram possível. Estes, já se sabe, são infinitos; em boa lógica, para que qualquer coisa ocorra, foi necessária a conjunção de todos os efeitos e causas que a precederam e urdiram. Consideremos umas poucas, as mais visíveis.

Costuma-se esquecer que Macbeth, agora um sonho da arte, foi algum dia um homem no tempo. Apesar das bruxas e do espectro de Banquo e da selva que avança contra o castelo, a tragédia é de ordem histórica. Naquele artigo da *Crônica anglo-saxã* que enumera o ocorrido no ano de 1054 — uns doze anos antes da derrota dos noruegueses na ponte de Stamford e da conquista normanda —, lemos que Siward, conde da Nortúmbria, invadiu por terra e por mar o reino da Escócia e pôs em fuga Macbeth, seu rei. Este, além do mais, tinha algum direito ao poder e não foi um tirano. Ganhou fama de piedoso, em ambos os sentidos da palavra; foi generoso para com os pobres e fervoroso cristão. Matou Duncan legitimamente, em uma batalha. Opôs-se vitoriosamente aos vikings. Seu reinado foi longo e justo. A memória humana, que é inventiva, iria tecer-lhe uma lenda.

Centenas de anos se passam e nos permitem entrever outro personagem essencial, o cronista Holinshed. Pouco sabemos dele, nem mesmo a data e o local de seu nascimento. Dizem que foi "ministro da palavra de Deus". Chegou a Londres por volta de 1560 e colaborou com perseverança na redação de certa vasta e ambiciosa história universal, por fim reduzida a essas *Crônicas* da Inglaterra, Escócia e Irlanda, que hoje levam seu nome. Suas páginas incluem a lenda que inspiraria Shakespeare, e mais de uma vez as mesmas palavras. Morreu por volta de 1580. Conjetura-se que a edição póstuma de 1586 foi a utilizada pelo poeta.

E agora, a William Shakespeare. Naquela época decisiva da Armada Invencível, da libertação dos Países Baixos, da decadência da Espanha e da conversão da Inglaterra, ilha desgarrada e lateral, em um dos grandes reinos do orbe, o destino de Shakespeare (1564-1616) corre o risco de parecer-nos de uma mediocridade misteriosa. Foi sonetista, ator, empresário, homem de negócios e de litígios. Cinco anos antes de sua morte, retirou-se para seu povoado natal, Stratford-on-Avon, e não escreveu uma só linha, salvo um testamento, no qual não se menciona um único livro, e um epitáfio tão tosco que mais vale tomá-lo como piada. Não reuniu em um volume sua obra dramática; a primeira edição que possuímos, o in-fólio 1623, deve-se à iniciativa de alguns atores. Jonson declarou que possuía pouco latim e menos grego. Tais fatos inspiraram a conjetura de que foi apenas um testa de ferro. Miss Delia Bacon, que encontrou asilo final em um manicômio, e cujo livro mereceu um prólogo de Hawthorne, que não o lera, atribuiu a paternidade de seus dramas a Francis Bacon, profeta e mártir da ciência experimental e homem de imaginação totalmente diferente; Mark Twain defendeu essa hipótese. Luther Hofman propõe a candidatura, muito menos inverossímil, do poeta Christopher Marlowe, "amado pelas musas", que não teria morrido apunhalado, em uma taverna de Depford, em 1593. A primeira dessas atribuições data do século XIX; a segunda, do nosso. No curso de mais de duzentos anos, a ninguém ocorrera pensar que Shakespeare não fosse o autor de sua obra.

Os jovens iracundos de 1830, que haviam feito de Thomas Chatterton, que se matou em uma água-furtada aos dezessete anos, o arquétipo do poeta, nunca se resignaram totalmente ao modesto currículo de Shakespeare. Tê-lo-iam preferido desventurado; Hugo, com eloquência esplêndida, fez o possível e o impossível para demonstrar que seus contemporâneos o ignoraram e o menosprezaram. A melancólica verdade é que Shakespeare, apesar de algum tropeço inicial, foi sempre um bom burguês, respeitado e próspero. (Também foi Shylock, Goneril, Iago, Laertes, Coriolano e as parcas.)

Anotados os fatos que antecedem, recordemos determinadas circunstâncias de ordem histórica que podem mitigar nosso assombro. Shakespeare não deu suas obras à estampa (com uma que outra exceção) porque as escreveu para a cena, não para a leitura. De Quincey observa que as representações teatrais não conferem menos publicidade que as letras de imprensa. No início do século XVII, escrever para o teatro era um mister literário tão subalterno como o é agora o de escrever para a televisão ou para o cinema. Quando Ben Jonson publicou suas tragédias, comédias e *masques* sob o título de *Obras*, as pessoas riram dele. Atrevo-me a aventurar outra conjetura: Shakespeare, para escrever, precisava do estímulo do palco, da urgência da estreia e dos atores. Daí que, uma vez vendido seu teatro, o Globe, deixou cair a pena. As peças, além disso, eram propriedade das companhias, não dos autores ou adaptadores.

Menos escrupulosa e crédula que a nossa, a época de Shakespeare via na história uma arte, a arte da fábula deleitável e do apólogo moral, não uma ciência de estéreis precisões. Não acreditava que a história fosse capaz de recuperar o passado, mas sim de cunhá-lo em gratas legendas. Shakespeare, leitor assíduo de Montaigne, de

Plutarco e de Holinshed, encontrou nas páginas deste último o argumento de *Macbeth*.

Como se sabe, os três primeiros personagens que vemos são as três bruxas no páramo, entre os trovões, os relâmpagos e a chuva. Shakespeare as denomina *weird sisters*; na mitologia dos saxões, Wyrd é a divindade que preside a sorte dos homens e dos deuses, de modo que *weird sisters* não significa as irmãs estranhas, mas as irmãs fatais, as nornas dos escandinavos, as parcas. Mais que o protagonista, são elas que regem a ação. Saúdam Macbeth com o título de senhor de Cavdor e com o outro, que lhe *parece* inacessível, de rei; o imediato cumprimento da primeira das duas profecias confere à segunda um caráter inevitável e o conduz, urgido por Lady Macbeth, ao assassinato de Duncan. Banquo, seu companheiro, não lhes dá maior importância. "A terra tem borbulhas como as tem a água", diz, para explicar essas aparições fantásticas.

Ao contrário de nossos ingênuos realistas, Shakespeare não ignorava que a arte é sempre uma ficção. A tragédia ocorre ao mesmo tempo em dois lugares e em dois tempos: na distante Escócia do século XI e em um palco dos arredores de Londres, no início do XVI. Uma das barbadas bruxas menciona o capitão do Tyger; ao cabo de uma longa travessia, desde o porto de Alepo, o barco havia regressado à Inglaterra e alguns de seus marinheiros puderam assistir à estreia.

O inglês é um idioma germânico; a partir do século XIV, é também latino. Shakespeare deliberadamente alterna os dois registros, que nunca são totalmente sinônimos. Assim:

> *The multitudinous seas incarnadine,*
> *Making the green one red.*

No primeiro verso ressoam os resplandecentes vocábulos latinos; no último, os breves e diretos saxões.

Shakespeare parece ter sentido que a ambição, o apetite de mandar, não é menos própria da mulher que do homem; Macbeth é um submisso e impiedoso punhal das parcas e da rainha. Assim o entendeu Schlegel, ao contrário de Bradley.

Muito tenho lido, e esquecido, sobre *Macbeth*; os estudos de Coleridge e de Bradley (*Shakespearean Tragedy*, 1904) ainda me parecem insuperáveis. Bradley declara que a obra nos causa, infatigável e vívida, uma impressão contínua de rapidez, não de brevidade. Anota que a obscuridade a domina, quase o negrume: a treva rajada de brusco fogo, a obsessão do sangue. Tudo acontece de noite, salvo a cena irônica e patética do rei Duncan, que, ao fitar os torreões do castelo, do qual nunca sairá, observa que nos lugares preferidos pelas andorinhas o ar é delicado. Lady Macbeth, que premeditou sua morte, vê corvos e ouve seu grasnido. A tempestade e o crime se conjuraram, a terra estremece, os cavalos de Duncan se devoram com frenesi.

O vivido sempre corre o risco de incorrer no pitoresco; Macbeth está muito longe desse perigo. A obra é a mais intensa que a literatura pode nos oferecer, e essa intensidade não decai. Desde as palavras enigmáticas das bruxas (*"Fair is foul and foul is fair"*), que, de modo bestial ou demoníaco, transcendem a razão dos homens, até a cena em que Macbeth morre encurralado e lutando, o drama arrebata-nos como uma paixão ou uma música. Não importa que acreditemos na demonologia, como o rei Jacob I, ou que lhe neguemos nossa fé; não importa que a aparição de Banquo seja para nós um desvario de seu atormentado assassino ou o espectro de um morto; a tragédia impõe-se aos que a veem, percorrem-na ou recordam-na, com a atroz convicção de um pesadelo. Coleridge escreveu que a fé poética é uma complacente ou voluntária suspensão da incredulidade; *Macbeth*, como toda genuína obra de arte, ilustra e justifica esse parecer. No decurso deste prólogo, afirmei que a ação ocorre ao mesmo tempo nos séculos medievais da Escócia e naquela Inglaterra dos corsários e das letras, que já disputava aos espanhóis o império do mar; a verdade é que o drama que Shakespeare sonhou, e que agora sonhamos, está fora do tempo da história, ou, melhor dizendo, cria seu próprio tempo. Com toda impunidade, o rei pode falar do armado rinoceronte, do qual nunca terá tido notícia. Ao contrário de *Hamlet*, que é a tragédia de um pensativo em um mundo violento, o som e a fúria de *Macbeth* parecem eludir a análise.

Tudo é elementar em *Macbeth*, salvo a linguagem, que é barroca e de uma exacerbada complexidade. Semelhante linguagem justifica-se pela paixão, não pela paixão técnica de Quevedo, de Mallarmé, de Lugones ou do maior de todos eles, James Joyce, mas pela paixão das almas. As entretecidas metáforas e as exaltações e desesperos do herói sugeririam a Shaw sua famosa definição de *Macbeth*: a tragédia do homem de letras moderno como assassino e cliente de bruxas.

O carniceiro morto e sua demoníaca rainha (repito as palavras de Malcolm, que correspondem a seu ódio, não à intrincada realidade de dois seres humanos) não se arrependeram dos crimes que os avermelham de sangue, mas estes estranhamente os perseguem, fazendo com que enlouqueçam e se percam.

Shakespeare é o menos inglês dos poetas da Inglaterra. Comparado a Robert Frost (da Nova Inglaterra), a Wordsworth, a Samuel Johnson, a Chaucer e aos desconhecidos que escreveram, ou cantaram, as elegias, é quase um estrangeiro. A Inglaterra é a pátria do *understatement*, da reticência bem--educada; a hipérbole, o excesso e o esplendor são típicos de Shakespeare. Tampouco o indulgente Cervantes parece um espanhol dos tribunais de fogo e da vanglória sonora.

Não posso, nem quero, esquecer aqui as exemplares páginas que nos legou Groussac sobre o tema de Shakespeare.

WILLIAM SHAKESPEARE, *Macbeth*. Prólogo de J. L. B. Buenos Aires: Editorial Sudamericana, Colección Obras Maestras, Fondo Nacional de las Artes, 1970.

william shand
ferment

Em 1877, Pater escreveu que todas as artes aspiram à condição de música, a única arte que não é outra coisa senão forma ou, como disse Schopenhauer, a única arte que poderia existir ainda que não houvesse mundo, porque é objetivação direta da vontade. A teoria de Pater justifica a prática de seu tempo; os poemas de Tennyson, de Swinburne, de William Morris, tão diversos e tão irreconciliáveis, querem ser música e deleitavelmente são. Moore, neste século, julgou que as ideias são a maldição da literatura moderna e compilou uma antologia de poesia pura, de poesia "criada pelo poeta com exclusão de sua personalidade".

Analogamente, Yeats procurou símbolos que despertassem a memória genérica que há detrás das memórias individuais e prodigou as imprecisões românticas; por volta dos quarenta anos, corrigiu toda a sua obra anterior e forjou versos nos quais são profusas a entonação oral e a circunstância concreta.

A evolução de Yeats é a evolução da poesia britânica: a passagem do remoto, do ilustre e do melodioso ao imediato, ao comum e ao áspero, sem prejuízo da essência.

Naturalmente, seu desafio à tradição é tradicional; baste-nos, aqui, recordar Donne, que exclamou contra as doçuras itálicas:

I sing not, siren-like, to tempt, for I am harsh.

e Arthur Hugh Clough e Browning. Em Browning, justamente, pensei perante certas páginas deste livro. Uma é a intitulada "Confessions of a Worldling: 1947 a.D.", mas Browning sempre queria justificar os personagens de seus monólogos, ainda que estes fossem Caliban ou Napoleão III e Shand não quer interpretar seu "Worldling", e sim expô-lo à vergonha.

Os heróis de Browning são indivíduos (são, pelo menos, Browning tentando ser outras pessoas), os de Shand são genéricos. Isso é uma comprovação, não uma reprovação; certamente, a admoestação de uma das mães em "The blind lover":

Desperately you must learn
How to go on living though
Your son's grave is undefined,

não é menos memorável por se referir antes a uma situação que a um personagem. (Não recordo um emprego mais eficaz da palavra *undefined*.)

Desde os elisabetanos, quem escreveu como ele, com todo o idioma?, perguntou retoricamente George Moore, desconcertado e deslumbrado com Kipling. De William Shand caberia declarar, ainda, que escreve com todo o idioma, sempre que não vejamos na frase uma incômoda proeza estatística, mas a faculdade de combinar de modo afortunado palavras de ambientes diversos.

Em uma dessas bruscas iluminações que justificam a leitura de páginas não poucas vezes intrincadas e estéreis, Eliot escreveu que o essencial para o poeta é ver além da feiura e da beleza; é ver o tédio e o horror e a glória (*The Use of Poetry and the Use of Criticism*, 106).

Essa admirável variante da admirável sentença final do Pai-Nosso inglês define bem uma das capacidades de Shand; outra é a de criar símbolos para o glorioso, tedioso e horrível mundo de nosso tempo.

Todo livro propõe uma seleção. Dos aqui reunidos, não sei que poemas vai preferir o futuro. Talvez "Ferment", cujo sério e triste estribilho,

Forgive me if to-day you are forgotten,

é menos um artifício métrico do que uma necessidade da paixão que move o poema; talvez "The doll", que, com brevidade cinematográfica, fixa em seu limitado espaço um destino; talvez "Midnight", que nos deixa esta pobre queixa indefesa:

I am the bird founded by their hate;

talvez "I am suddenly alone", no qual homem algum sobre a Terra deixará de se reconhecer; talvez "Song", por estes dois versos, que mereceriam ser antigos e anônimos e inventados por todos, e não por alguém:

I am so old when she is far,

So young when she is near;

talvez "Franz", por esta linha surpreendente que encerra o mistério alemão:

He smuggled music hidden in the bone;

talvez as diferentes visões que integram (outra vez a sombra de Browning!) "The man in the café".

Exercer, nesta época da história, a misteriosa e antiga profissão de poeta é uma grande responsabilidade; William Shand não ignora isso e pesa com temor e com felicidade suas palavras.

WILLIAM SHAND, *Ferment. Poems.* Prólogo de J. L. B. Buenos Aires: Ediciones Botella al Mar, 1950.

olaf stapledon
fazedor de estrelas

Por volta de 1930, já bem completos os quarenta anos, William Olaf Stapledon abordou pela primeira vez o exercício da literatura. A essa iniciação tardia deve-se o fato de não ter aprendido certas destrezas técnicas e de não ter contraído certos maus costumes. A análise de seu estilo, no qual se percebe um excesso de palavras abstratas, sugere que antes de escrever tinha lido muita filosofia e poucos romances ou poemas. No que se refere a seu caráter e a seu destino, mais vale transcrever suas próprias palavras: "Sou um desajeitado congênito, protegido (ou estragado?) pelo sistema capitalista. Só agora, ao fim de meio século de esforço, comecei a aprender a desempenhar-me. Minha infância durou uns 25 anos; moldaram-na o canal de Suez, a cidadezinha de Abbotsholme e uma Universidade de Oxford. Ensaiei diversas carreiras e, periodicamente, tive de fugir diante do iminente desastre. Mestre-escola, aprendi de memória capítulos inteiros da Escritura, na véspera da aula de história sagrada. Em um escritório de Liverpool, botei a perder listas de cargas; em Port Said, candorosamente permiti que os capitães levassem mais carvão que o estipulado. Propus-me educar o povo; peões de minas e operários ferroviários ensinaram-me mais coisas que as que aprenderam comigo. A guerra de 1914 encontrou-me muito pacífico. No *front* francês dirigi uma ambulância da Cruz Vermelha. Depois: um casamento romântico, filhos, o hábito e a paixão pelo lar. Acordei como adolescente casado aos 35 anos. Penosamente, passei do estado larval a uma maturidade informe, atrasada. Dominaram-me duas experiências: a filosofia e a trágica desordem da colmeia humana... Agora, já com um pé no umbral da maturidade mental, percebo com um sorriso que o outro pisa a sepultura".

A metáfora banal da última linha é um exemplo da indiferença literária de Stapledon, já que não de sua quase ilimitada imaginação. Wells alterna seus monstros — seus marcianos tentaculares, seu homem invisível, seus proletários subterrâneos e cegos — com gente cotidiana; Stapledon constrói e descreve mundos imaginários com a precisão e com boa parte da aridez de um naturalista. Suas fantasmagorias biológicas não se deixam contaminar por percalços humanos.

Em um estudo sobre *Eureka*, de Poe, Valéry observou que a cosmogonia é o mais antigo dos gêneros literários; apesar das antecipações de Bacon, cuja *Nova Atlântida* publicou-se em princípios do século XVII, cabe afirmar que o mais moderno é a fábula ou fantasia de caráter científico. É sabido que Poe abordou isoladamente os dois gêneros, e talvez tenha inventado o último; Olaf Stapledon combina-os, neste livro singular. Para essa exploração imaginária do tempo e do espaço, não recorre a vagos mecanismos não convincentes, mas à fusão de uma mente humana com outras, a uma espécie de êxtase lúcido ou (se preferirem) a uma variação de certa famosa doutrina dos cabalistas, que supunham que no corpo de um homem podem habitar muitas almas, como no corpo da mulher que está para ser mãe. Os colegas de Stapledon, na maioria, parecem arbitrários ou irresponsáveis; este, ao contrário, deixa uma impressão de sinceridade, apesar do aspecto singular e às vezes monstruoso de suas narrativas. Não acumula invenções para a distração ou o estupor dos que o lerão; continua e registra com honesto rigor as complexas e sombrias vicissitudes de um sonho coerente.

Já que a cronologia e a geografia parecem oferecer ao espírito uma misteriosa satisfação, acrescentaremos que este sonhador de universos nasceu em Liverpool em 10 de maio de 1886 e que sua morte ocorreu em Londres em 6 de setembro de 1950. Para os hábitos mentais de nosso século, *Hacedor de estrellas* é, além de um prodigioso romance, um sistema provável ou verossímil da pluralidade dos mundos e de sua dramática história.

OLAF STAPLEDON, *Hacedor de estrellas*. Notícia preliminar de J. L. B. Buenos Aires, Ediciones Minotauro, 1965.

emanuel swedenborg
mystical works

De outro famoso escandinavo, Carlos XII da Suécia, Voltaire pôde escrever que foi o homem mais extraordinário que houve na Terra. O modo superlativo é uma imprudência, já que tende menos à persuasão que à mera e vã polêmica, mas eu aplicaria a definição de Voltaire não ao rei Carlos XII, que foi um conquistador militar como tantos outros, e sim ao mais misterioso de seus súditos, Emanuel Swedenborg.

Em sua admirável conferência de 1845, Emerson elegeu nosso Swedenborg como o protótipo do místico. Essa palavra, embora justíssima, corre o risco de sugerir um homem lateral, um homem que instintivamente se afasta das circunstâncias e urgências a que chamamos, nunca saberei por quê, realidade. Ninguém menos parecido com essa imagem que Emanuel Swedenborg, que percorreu este mundo e os outros, lúcido e laborioso. Ninguém aceitou a vida com maior plenitude, ninguém a investigou com igual paixão, com idêntico amor intelectual e com tal impaciência de conhecê-la. Ninguém mais diferente de um monge que esse escandinavo sanguíneo, que foi muito mais longe que Érico, o Vermelho.

Como Buda, Swedenborg reprova o ascetismo, que empobrece e pode anular os homens. Em um extremo do Céu viu um eremita que se propusera ganhá-lo e que durante sua vida mortal buscara a solidão e o deserto. Alcançada a meta, o bem-aventurado descobre que não pode seguir a conversa dos anjos nem penetrar as complexidades do Paraíso. Finalmente, permitem que projete a seu redor uma alucinatória imagem do ermo. Aí está agora, como esteve na terra, mortificando-se e rezando, mas sem a esperança do Céu.

Gaspar Svedberg, seu pai, foi um eminente bispo luterano, e nele deu-se uma rara conjunção de fervor e tolerância. Emanuel nasceu em Estocolmo, no início do ano de 1688. Desde menino, pensava em Deus e buscava o diálogo com os clérigos que frequentavam a casa de seu pai. Não deixa de ser significativo que a salvação pela fé, pedra angular da reforma pregada por Lutero, preferisse a salvação pelas obras, que é prova fidedigna daquela. Esse homem ímpar e solitário foi muitos homens. Não desdenhou o artesanato; em Londres, quando jovem, exercitou-se nas artes manuais do encadernador, do ebanista, do óptico, do relojoeiro e do fabricante de instrumentos científicos. Também gravou os mapas requeridos para globos terrestres. Tudo isso sem descuidar a disciplina das diversas ciências naturais, da álgebra e da nova astronomia de Newton, com o qual teria gostado de conversar, e que não conheceu. Sua aplicação sempre foi inventiva. Antecipou-se à teoria nebular de Laplace e de Kant e projetou uma nave que pudesse andar pelo ar e outra, com fins militares, que pudesse andar sob o mar. Devemos a ele um método pessoal para fixar as longitudes e um tratado sobre o diâmetro da Lua. Por volta de 1716, iniciou em Upsala a publicação de um periódico de caráter científico, que formosamente intitulou *Daedalus Hyperboreus*, e que duraria dois anos. Em 1717, sua aversão ao puramente especulativo fez com que recusasse a cátedra de astronomia que o rei lhe oferecera. No decurso das temerárias e quase míticas guerras de Carlos XII — essas guerras que fizeram de Voltaire, autor da *Henriade*, um poeta épico —, atuou como engenheiro militar. Idealizou e executou um artifício para transportar barcos por terra, sobre um trecho que abarcava mais de catorze milhas. Em 1734, apareceram na Saxônia os três volumes de sua *Opera philosophica et mineralia*. Deixou bons hexâmetros latinos e a literatura inglesa — Spenser, Shakespeare, Cowley, Milton e Dryden — interessou-lhe por seu poder imaginativo. Embora não se tenha consagrado à mística, seu nome seria ilustre na ciência. Interessou-lhe, como a Descartes, o problema do lugar exato em que a alma se comunica com o corpo. A anatomia, a física, a álgebra e a química inspiraram-lhe muitas e laboriosas obras, que redigiu, como era costume na época, em latim. Na Holanda, chamaram sua atenção a fé e o bem-estar dos habitantes; ele os atribuiu ao fato de aquele país ser uma república, já que nos reinos as pessoas, acostumadas a adular o rei, costumam adular Deus, traço servil que não pode ser de Seu agrado. Anotemos, de passagem, que durante as viagens que realizou visitava as escolas, as universidades, os bairros pobres e as fábricas e que era amante da música e, particularmente, da ópera. Foi assessor do Real Ofício de Minas e teve assento na Câmara dos Nobres. Ao estudo da teologia dogmática preferiu sempre o da Sagrada Escritura. Não lhe bastaram as versões latinas; pesquisou os textos originais em hebraico e em grego. Em um diário íntimo acusa-se de desmedida soberba; folheando os volumes alinhados em uma livraria, pensou que, sem maior esforço, poderia superá-los, e depois compreendeu que o Senhor tem mil modos de tocar o coração humano e que não há livro que seja inútil. Plínio, o Jovem, já escrevera que não há livro tão ruim que não encerre algo de bom, sentença que Cervantes recordaria.

O fato cardeal de sua vida humana ocorreu em Londres, em uma das noites de abril de 1745. O próprio Swedenborg chamou-o de grau discreto ou grau de separação. Precederam-no sonhos, orações, períodos de incerteza e de jejum e, o que é muito mais singular, de aplicado labor científico e filosófico. Um desconhecido, que silenciosamente o seguira pelas ruas de Londres e de cujo aspecto nada sabemos, apareceu de repente em seu quarto e disse-lhe que era o Senhor. Diretamente, encomendou-lhe a missão de revelar aos homens, agora imersos no ateísmo, no erro e no pecado, a verdadeira e perdida fé de Jesus. Anunciou-lhe que seu espírito percorreria céus e infernos e que poderia conversar com os mortos, com os demônios e com os anjos.

Na época, o eleito contava 57 anos; durante mais uns trinta anos levou essa vida visionária, que foi registrando em densos tratados, de prosa clara e inequívoca. Diferentemente de outros místicos, prescindiu da metáfora, da exaltação e da vaga e fogosa hipérbole.

A explicação é óbvia. O emprego de qualquer vocábulo pressupõe uma experiência compartilhada, da qual o vocábulo é o símbolo. Se nos falam do sabor do café, é porque já o provamos, se nos falam da cor amarela, é porque já vimos limões, ouro, trigo e pores do sol. Para sugerir a inefável união da alma do homem com a divindade, os sufis do Islã viram-se obrigados a recorrer a alegorias prodigiosas, a imagens de rosas, de embriaguez ou de amor carnal; Swedenborg pôde renunciar a tais artifícios retóricos, porque seu tema não era o êxtase da alma arrebatada e alienada, e sim a pontual descrição de regiões ultraterrenas, mas precisas. A fim de que imaginemos, ou comecemos a imaginar, a ínfima profundeza do Inferno, Milton nos fala de *"No light, but rather darkness visible"*; Swedenborg prefere o rigor e — por que não dizer? — as eventuais prolixidades do explorador ou do geógrafo que registra reinos desconhecidos.

Ao ditar estas linhas, sinto que me detém a incredulidade do leitor, como um alto muro de bronze. Duas conjeturas a tornam forte: a deliberada impostura de quem escreveu essas coisas estranhas ou o influxo de uma demência brusca ou gradual. A primeira é inadmissível. Se Emanuel Swedenborg tivesse se proposto enganar, não se teria resignado com a publicação anônima de boa parte de sua obra, como fez nos doze volumes de sua *Arcaria coelestia*, que renunciam à autoridade conferida por um nome já ilustre. Consta-nos que no diálogo não procurava fazer prosélitos. À maneira de Emerson (*"Arguments convince nobody"*) ou de Walt Whitman, acreditava que os argumentos não persuadem ninguém e que basta enunciar uma verdade para que os interlocutores a aceitem. Sempre rejeitava a polêmica. Em sua obra inteira não se descobrirá um único silogismo; não há senão tersas e tranquilas afirmações. Refiro-me, é claro, a seus tratados místicos.

A hipótese da loucura não é menos vã. Se o redator do *Daedalus hyperboreus* e do *Prodomus principiorum rerum naturalium* tivesse enlouquecido, não deveríamos a sua pena tenaz a ulterior redação de milhares de metódicas páginas, que representam um labor de quase trinta anos e que nada têm a ver com o frenesi.

Consideremos agora as coerentes e múltiplas visões, que certamente encerram muito de milagroso. William White observou, agudamente, que outorgamos com docilidade nossa fé às visões dos antigos e tendemos a rejeitar as dos modernos, ou zombamos delas. Acreditamos em Ezequiel porque o enaltece o remoto no tempo e no espaço, acreditamos em San Juan de la Cruz porque é parte integral da literatura espanhola, mas não em William Blake, discípulo rebelde de Swedenborg, nem em seu ainda próximo mestre. Em que precisa data cessaram as visões verdadeiras e foram substituídas pelas apócrifas? Gibbon disse o mesmo acerca dos milagres. Dois anos consagrou Swedenborg a estudar o hebraico, para o exame direto da Escritura. Tenho para mim — conste que se trata do parecer, sem dúvida heterodoxo, de um mero homem de letras, e não de um pesquisador ou de um teólogo — que Swedenborg, como Spinoza ou Francis Bacon, foi um pensador por conta própria e que cometeu um incômodo erro quando resolveu ajustar suas ideias à moldura dos dois Testamentos. O mesmo acontecera com os cabalistas hebreus, que eram essencialmente neoplatônicos, quando invocaram a autoridade dos versículos bíblicos, das palavras e mesmo das letras para justificar seu sistema.

Não é meu propósito expor a doutrina da Nova Jerusalém — esse é o nome da Igreja de Swedenborg —, mas quero demorar-me em dois pontos. O primeiro é seu conceito originalíssimo de Céu e de Inferno. Explica-o longamente o mais conhecido e belo de seus tratados, *De Coelo et Inferno*, publicado em Amsterdam em 1758. Blake o repete e Bernard Shaw resumiu-o vividamente no terceiro ato de *Man and Superman* (1903), que narra o sonho de John Tanner. Shaw, que eu saiba, nunca falou de Swedenborg; cabe supor que escreveu sob o estímulo de Blake, a quem menciona com frequência e respeito, ou, o que não é inverossímil, que chegou às mesmas ideias por conta própria.

Em uma epístola famosa, dirigida a Can Grande della Scala, Dante Alighieri adverte que sua *Comédia*, como a Sagrada Escritura, pode ser lida de quatro modos diferentes, e que o literal não passa de um deles. Dominado pelos versos precisos, o leitor, no entanto, conserva a indelével impressão de que os nove círculos do Inferno, os nove patamares do Purgatório e os nove céus do Paraíso correspondem a três estabelecimentos: um de caráter penal, outro penitencial e outro — se o neologismo é tolerável — premial. Passagens como "*Lasciate ogni speranza, voi ch'entrate*" fortalecem essa convicção topográfica, realçada pela arte. Nada mais diverso dos destinos ultraterrenos de Swedenborg. O Céu e o Inferno de sua doutrina não são lugares, embora as almas dos mortos que os habitam, e que de algum modo os criam, os vejam como situados no espaço. São condições das almas, determinadas por sua vida anterior. A ninguém está proibido o Paraíso, a ninguém está imposto o

Inferno. As portas, por assim dizer, estão abertas. Aqueles que morrem não sabem que estão mortos; durante um tempo indefinido projetam uma imagem ilusória de seu âmbito habitual e das pessoas que os rodeavam.* Ao fim desse tempo, aproxima-se deles gente desconhecida. Se o morto é um malvado, agradam-lhe o aspecto e a convivência com os demônios, e não demora a se unir a eles; se é um justo, escolhe os anjos. Para o bem-aventurado, o orbe diabólico é uma região de pântanos, de covas, de choças incendiadas, de ruínas, de lupanares e de tabernas. Os réprobos não têm rosto, ou têm rostos mutilados e atrozes, mas pensam ser belos. O exercício do poder e o ódio recíproco são sua felicidade. Vivem entregues à política, no sentido mais sul-americano da palavra; ou seja, vivem para conspirar, mentir e se impor. Swedenborg conta que um raio de luz celestial caiu no fundo dos infernos; os réprobos perceberam-no como um fedor, uma chaga ulcerosa e uma treva.

O Inferno é a outra face do Céu. Seu reverso exato é necessário para o equilíbrio da Criação. O Senhor o rege, como rege os céus. O equilíbrio das duas esferas é requerido para o livre-arbítrio, que, sem trégua, deve escolher entre o bem, que emana do Céu, e o mal, que emana do Inferno. A cada dia, a cada instante de cada dia, o homem lavra sua perdição eterna ou sua salvação. Seremos o que somos. Os terrores ou alarmes da agonia, que costumam ocorrer quando o moribundo está acovardado e confuso, não têm maior importância.

---

* Na Inglaterra, uma superstição popular declara que não saberemos que estamos mortos até comprovarmos que o espelho não nos reflete.

Acreditemos ou não na imortalidade pessoal, é inegável que a doutrina revelada por Swedenborg é mais moral e mais razoável que a de um misterioso dom que se obtém, quase ao acaso, na última hora. Leva-nos, temporariamente, ao exercício de uma vida virtuosa.

Inumeráveis céus constituem o Céu que viu Swedenborg; inumeráveis anjos constituem cada um deles, e cada um desses anjos é, individualmente, um Céu. Rege-os o ardente amor a Deus e ao próximo. A forma geral do Céu (e a dos céus) é a de um homem ou, o que dá na mesma, a de um anjo, já que os anjos não são uma espécie diferente. Os anjos, como os demônios, são mortos que passaram para a esfera angelical ou demoníaca. Traço curioso que sugere a quarta dimensão, já prefigurado por Henry Moore: os anjos, onde quer que estejam, sempre olham de frente para o Senhor. No orbe espiritual, o sol é a visível imagem de Deus. O espaço e o tempo só existem de maneira ilusória; se uma pessoa pensa em outra, já a tem a seu lado. Os anjos conversam, como os homens, por meio de palavras articuladas, que se pronunciam e se ouvem, mas a linguagem que usam é natural e não exige uma aprendizagem. É comum a todas as esferas angelicais. A arte da escrita não é desconhecida no Céu; Swedenborg recebeu mais de uma vez comunicações divinas que pareciam manuscritas ou impressas, mas que não conseguiu decifrar inteiramente, porque o Senhor prefere a instrução oral e direta. Para além do batismo e da religião professada por seus pais, todas as crianças vão para o Céu, onde os anjos as instruem. Nem a riqueza, nem a felicidade, nem o luxo, nem a vida mundana são barreiras para se entrar no Céu; ser pobre não é uma virtude, como tampouco o é ser desventurado.

O essencial são a boa vontade e o amor a Deus, não as circunstâncias externas. Já vimos o caso do ermitão que, à força de mortificação e de solidão, incapacitou-se para o Céu e teve de renunciar a seu desfrute. No *Tratado do amor conjugal*, que apareceu em 1768, Swedenborg diz que na terra o matrimônio nunca é perfeito, porque no homem prima o entendimento, e na mulher, a vontade. No estado celestial, o homem e a mulher que se amaram formarão um único anjo.

No *Apocalipse*, que é um dos livros canônicos do Novo Testamento, São João, o Teólogo, fala de uma Jerusalém celestial; Swedenborg estende essa ideia a outras grandes cidades. Assim, em *Vera christiana religio* (1771), escreve que há duas Londres ultraterrenas. Ao morrer, os homens não perdem suas características. Os ingleses conservaram sua íntima luz intelectual e seu respeito pela autoridade; os holandeses continuam exercendo o comércio; os alemães costumam andar carregados de livros e, quando lhes perguntam algo, consultam o volume correspondente antes de responder. Os muçulmanos oferecem-nos o caso mais curioso de todos. Já que em suas almas os conceitos de Maomé e de religião estão inextricavelmente ligados, Deus dota-os de um anjo que finge ser Maomé e que lhes ensina a fé. Esse anjo nem sempre é o mesmo. O verdadeiro Maomé surgiu uma vez diante da comunidade dos fiéis e conseguiu articular as palavras "Eu sou vosso Maomé". Imediatamente se enegreceu e voltou a mergulhar nos infernos.

No orbe espiritual não há hipócritas; cada um é o que é. Um espírito maligno encarregou Swedenborg de escrever que o deleite dos demônios está no exercício do adultério, do roubo, da fraude e da mentira, e que os deleitava também o fedor dos excrementos e dos mortos. Abrevio o episódio; o curioso leitor pode consultar a página final do tratado *Sapientia Angelica de Divina Providentia* (1764).

Diferentemente do que outros visionários referem, o Céu de Swedenborg é mais preciso que a terra. As formas, os objetos, as estruturas e as cores são mais complexos e mais vívidos.

Para os Evangelhos, a salvação é um processo ético. Ser justo é o fundamental; também se exaltam a humildade, a miséria e a desventura. Ao requisito de ser justo Swedenborg acrescenta outro, antes não mencionado por nenhum teólogo: o de ser inteligente. Voltemos a recordar o asceta, obrigado a reconhecer que era indigno da conversa teológica dos anjos. (Os incalculáveis céus de Swedenborg estão cheios de amor e de teologia.) Quando Blake escreve "O tolo não entrará na Glória, por mais santo que seja" ou "Despojai-vos de santidade e cobri-vos de inteligência", não faz outra coisa senão amoedar em lacônicos epigramas o discursivo pensamento de Swedenborg. Blake também afirmará que não bastam a inteligência e a retidão e que a salvação do homem exige um terceiro requisito: ser um artista. Jesus Cristo o foi, já que ensinava por meio de parábolas e de metáforas, não de arrazoados abstratos.

Não sem hesitar tentarei agora um esboço, ainda que de modo parcial e rudimentar, da doutrina das correspondências, que constitui para muitos o centro do tema que estudamos. Na Idade Média, pensou-se que o Senhor havia escrito dois livros: o que denominamos Bíblia e o que denominamos universo. Interpretá-los era nosso dever. Swedenborg, suponho, começou pela exegese do primeiro. Conjeturou que cada palavra da Escritura tem um sentido espiritual e chegou a elaborar um vasto sistema de significações ocultas. As pedras, por exemplo, representam as verdades naturais; as pedras preciosas, as verdades espirituais; os astros, o conhecimento divino; o cavalo, a justa compreensão da Escritura, mas também sua tergiversação por obra de sofismas; a Abominação da Desolação, a Trindade; o abismo, Deus ou o Inferno etc. (Aqueles que desejarem prosseguir esse estudo podem examinar o *Dictionary of Correspondences*, publicado em 1962, que analisa mais de 5 mil termos dos textos sagrados.) Da leitura simbólica da Bíblia, Swedenborg teria passado à leitura simbólica do universo e de nós mesmos. O sol do Céu é um reflexo do sol espiritual, que é, por sua vez, uma imagem de Deus; não há um único ser na terra que não perdure senão pelo influxo constante da divindade. As coisas mais ínfimas, escreverá De Quincey, que foi leitor da obra de Swedenborg, são espelhos secretos das maiores. A história universal, escreverá Carlyle, é um texto que devemos continuamente ler e escrever, e no qual também nos escrevem. Essa perturbadora suspeita de que somos cifras e símbolos de uma criptografia divina, cujo sentido verdadeiro ignoramos, é profusa nos volumes de Léon Bloy, e os cabalistas a conheceram.

A doutrina das correspondências levou-me a mencionar a cabala. Que eu saiba ou recorde, ninguém pesquisou até agora sua íntima afinidade. No primeiro capítulo da Escritura, lê-se que Deus criou o homem a sua imagem e semelhança. Essa afirmação implica que Deus tem a figura de um homem. Os cabalistas que na Idade Média compilaram o *Livro do esplendor* declaram que as dez emanações, ou *sefiroth*, cuja fonte é a inefável divindade, podem ser concebidas sob a espécie de uma Árvore ou de um Homem, o Homem Primordial, o Adam Kadmon. Se em Deus estão todas as coisas, todas as coisas estarão no homem, que é seu reflexo terreno. De tal maneira, Swedenborg e a cabala chegam ao conceito do microcosmo, ou seja, do homem como espelho ou compêndio do universo. Segundo Swedenborg, o Inferno e o Céu estão no homem, que também inclui planetas, montanhas, mares, continentes, minerais, árvores, ervas, flores, abrolhos, animais, répteis, pássaros, peixes, ferramentas, cidades e edifícios.

Em 1758, Swedenborg anunciou que, no ano anterior, havia sido testemunha do Juízo Universal, que tivera lugar no mundo dos espíritos e que correspondera à data exata em que se apagara a fé em todas as igrejas. Esse declínio começou ao se fundar a Igreja de Roma. A Reforma iniciada por Lutero e prefigurada por Wyclif era imperfeita e, não poucas vezes, herética. Outro Juízo Final ocorre também no instante da morte de cada homem, e é consequência de toda a sua vida anterior.

Em 29 de março de 1772, Emanuel Swedenborg morreu em Londres, a cidade que tanto amava, a cidade em que Deus lhe havia encomendado, certa noite, a missão que o tornaria único entre os homens. Restam alguns testemunhos de seus últimos dias, de seu antiquado terno de veludo preto e de uma espada com uma empunhadura de forma estranha. Seu regime de vida era austero; o café, o leite e o pão eram seu alimento. A qualquer hora da noite ou do dia, os criados ouviam-no caminhar pelo quarto, falando com seus anjos.

Pelos mil novecentos e sessenta e tantos escrevi este soneto:

EMANUEL SWEDENBORG

Más alto que los otros, caminaba
Aquel hombre lejano entre los hombres;
Apenas si llamaba por sus nombres
Secretos a los ángeles. Miraba
Lo que no ven los ojos terrenales:
La ardiente geometría, el cristalino
Laberinto de Dios y el remolino
Sórdido de lo goces infernales.
Sabía que la Gloria y el Averno
En tu alma están y sus mitologías;
Sabía, con el griego, que los días
Del tiempo son espejos del Eterno.
En árido latín fue registrando
Últimas cosas sin por qué ni cuándo.*

EMANUEL SWEDENBORG, *Mystical Works*. Prólogo de J. L. B. Nova York: New Jerusalem Church, s.d.

---

* Poema incluído em *O outro, o mesmo*. Trad. Heloisa Jahn. São Paulo: Companhia das Letras, 2009:
Mais alto do que os outros, caminhava/ aquele homem entre os homens;/ em silêncio chamava por seus nomes/ incógnitos, os anjos. Observava/ o que não veem os olhos terrenais:/ a ardente geometria, o cristalino/ edifício de Deus e o redemoinho/ sórdido dos gozos infernais./ Ele sabia que a Glória e o Averno/ na alma estão, e suas mitologias;/ sabia, como o grego, que os dias/ do tempo são espelhos do Eterno./ Em árido latim foi registrando/ últimas coisas sem porquê nem quando. [Naquela versão Borges emprega o termo "edificio" no lugar de "laberinto".]

paul valéry
o *cemitério marinho*

Nenhum problema tão consubstancial com as letras e seu modesto mistério como o que propõe uma tradução. A escritura imediatamente se vela de fomentado esquecimento e de vaidade, do temor de confessar processos ideais que adivinhamos perigosamente comuns, do prurido de manter intacta e central uma reserva incalculável de sombra. A tradução, por sua vez, parece destinada a ilustrar a discussão estética. O modelo proposto a sua imitação é um texto visível, não um labirinto inapreciável de projetos defuntos ou a acatada tentação momentânea de uma facilidade. Bertrand Russell considera um objeto externo como um sistema circular, irradiante, de impressões possíveis; pode-se asseverar o mesmo de um texto, em face das repercussões incalculáveis do verbal. Um parcial e precioso documento das vicissitudes que sofre permanece em suas traduções. O que são as várias versões da *Ilíada*, de Chapman a Magnien, senão diversas perspectivas de um fato móvel, senão um longo sorteio experimental de omissões e de ênfases? Não há necessidade essencial de mudar de idioma; esse deliberado jogo da atenção não é impossível no interior de uma mesma literatura.

Pressupor que toda recombinação de elementos é obrigatoriamente inferior a seu original é pressupor que o rascunho 9 é obrigatoriamente inferior ao rascunho H — já que não pode haver senão rascunhos. O conceito de texto *definitivo* não corresponde senão à religião ou ao cansaço.

A superstição da normal inferioridade das traduções — amoedada no consabido adágio italiano — procede de uma distraída experiência. Não há bom texto que não se afirme incondicional e seguro se o praticamos um número suficiente de vezes. Hume, é sabido, quis identificar o conceito de causalidade com o de sucessão invariável.[1] Assim, um filme mediano é consoladoramente melhor da segunda vez que o vemos, pela severa inevitabilidade que adquire. Com os livros famosos, a primeira vez já é a segunda, já que os empreendemos sabendo-os. A precavida e corriqueira frase *reler os clássicos* reveste-se de inocente veracidade. Já não sei se o relato *"En un lugar de la Mancha, de cuyo nombre no quiero acordarme, no ha mucho tiempo que vivía un hidalgo de los de lanza en astillero, adarga antigua, rocín flaco y galgo corredor"* é bom para uma divindade imparcial; sei apenas que toda modificação é sacrílega e que não consigo conceber outro começo para o *Quixote*. Cervantes, creio, prescindiu dessa leve superstição, e talvez não tivesse identificado esse parágrafo. Nós, em compensação, só podemos rejeitar qualquer divergência. No entanto, convido o mero leitor sul-

---

[1] Um dos nomes árabes do galo é *Pai da aurora*, como se esta fosse gerada pelo grito anterior.

-americano — *mon semblable, mon frère* — a saturar--se da estrofe quinta no texto espanhol, até sentir que o verso original de Néstor Ibarra:

La pérdida en rumor de la ribera

é inacessível, e que sua imitação por Valéry:

Le changement des rives en rumeur

não consegue devolver inteiramente todo o sabor latino. Sustentar com demasiada fé o contrário é renegar a ideologia de Valéry, pelo homem temporal que a formulou.

Das três versões hispânicas do *Cimetière*, só a presente cumpriu com os rigores métricos do original. Sem outra repetida liberdade que a do hipérbato — tampouco recusada por Valéry —, sabe equivaler com felicidade a seu arquétipo ilustre. Quero repetir a estrofe penúltima, de resolução exemplar:

Sí! Delirante mar, piel de pantera,
peplo que una miríade agujera
de imágenes del sol, hidra infinita
que de su carne azul se embriaga y pierde,
y que la cola esplendida se muerde
en un tumulto que al silencio imita!*

---

* Sim! Delirante mar, pele de pantera,/ peplo que uma miríade dilacera/ de imagens do sol, hidra infinita/ que de sua carne azul se embriaga e perde./ E que a cauda esplêndida remorde/ em um túmulo que o silêncio imita!

Imágenes é a equivalência etimológica de *idoles*; *espléndida*, de *étincelante*.

Passo a considerar o poema. Aclamá-lo parece uma função da inutilidade; mentir-lhe faltas, da ingratidão ou da desordem. No entanto, arrisco-me a denunciar o que não posso senão considerar o defeito desse vasto diamante. Aludo à intromissão romanesca. Os inúteis pormenores circunstanciais que fecham a composição — o pontual vento cênico, as folhas que a aceitação do temporal confunde e agita, a apóstrofe destinada ao marulho, as velas debicadoras, o livro — almejam fundar uma credibilidade que não é necessária. Solilóquios de ordem dramática — os de Browning, o *St. Simeon Stylites* de Tennyson — requerem pormenores análogos, o que não ocorre com o contemplativo *Cimetière*, cuja atribuição a determinado interlocutor, em determinado espaço, sob determinado firmamento, é convencional. Outros afirmam o caráter simbólico desses traços: artifício não menos vulnerável que o da externa tempestade que prolonga, no terceiro ato de *Lear*, a insânia admonitória do rei.

Em sua reflexão sobre a morte, Valéry parece condescender uma vez à reação que podemos definir como espanhola; não por ser exclusiva da Espanha — todas as literaturas a conheceram —, mas por compor o único tema da poesia hispânica.

Les cris aigus des filles chatouillées,
Les yeux, les dents, les paupières mouillées,
Le sein charmant qui joue avec le feu,
Le sang qui brille aux lèvres qui se rendent,
Les derniers dons, les doigts qui les défendent,
Tout va sous terre et rentre dans le jeu!

No entanto, a identificação é injusta: Valéry deplora a perda de fatos afetivos e eróticos; o espanhol, de meros anfiteatros de Itálica, Infantes de Aragão, insígnias gregas, exércitos de Alcácer-Quibir, muralhas de Roma, túmulos da Rainha nossa Senhora Dona Margarita e outros encantos plenamente oficiais. Depois, a estrofe 17 sobre o tema essencial — a mortalidade — com uma quieta interrogação de ar antigo:

Chanterez-vous quand serez vaporeuse?

não menos tênue, memorável e piedosa que a de Públio Adriano:

Animula vagula blandula...*

Essa cavilação é a de todo indivíduo. Uma especulativa ignorância é nosso bem comum, e, se as imaginações e trípodes do S.P.R.** mereceram a improvável atenção dos homens mortos, as letras deplorariam a caducidade dessa treva tão interessante e tão plástica, que constitui nossa única honra. Daí que as certezas jurídicas da fé, com suas repartições brutais de condenação e de glória, não sejam menos contrárias à poesia que um ateísmo equânime. A poesia cristã se alimenta de nossa maravilhada incredulidade, de nosso desejo de acreditar que alguém dela não descrê. Seus militantes — Claudel, Hilaire Belloc, Chesterton — participam de nosso assombro; dramatizaram

---

* "Alminha vagantezinha afavelzinha..."
** S.P.R.: Sigla para *Sematus populusque romanus* (o Senado e o povo romano). [N. T.]

as imaginárias reações desse curioso homem possível, um católico, até que os suplantou seu espectro vocal. São católicos, como Hegel foi o Absoluto. Projetam suas ficções sobre a morte, sabendo-a secreta, e ela lhes concede enigma e abismo. Dante, que ignorava nossa ignorância, teve de ater-se ao romanesco, às variedades extraordinárias do destino. Teve apenas uma estrita certeza; a esperança e a negação sempre lhe faltaram. Desconheceu a propícia insegurança: a de São Paulo, a de Sir Thomas Browne, a de Whitman, a de Baudelaire, a de Unamuno, a de Paul Valéry.

PAUL VALÉRY: *El cementerio marino*. Prefácio de J. L. B. Buenos Aires: Les Éditions Schillinger, 1932.

maría esther vázquez

os nomes da morte

Imaginar que na etimologia cifram-se ocultas e preciosas verdades é um erro notório, já que as palavras são símbolos casuais e inconstantes, mas não deixa de ser significativo que falemos de contar um conto e de contar até mil. Todos os idiomas que conheço utilizam o mesmo verbo, ou verbos da mesma raiz, para os atos de narrar e de enumerar; essa identidade lembra-nos que ambos os processos ocorrem no tempo e que suas partes são sucessivas. A literatura de nosso século costuma esquecer esse fato axiomático. Dá-se o nome de conto a qualquer apresentação de estados mentais ou de impressões físicas; deliberadamente se mesclam, para maior perplexidade do leitor, os dados do presente e da memória. Também se esquece que a palavra escrita procede da palavra oral e busca encantos análogos. A mais evidente virtude dos contos que integram este volume é que são verdadeiramente contos, na acepção genuína da palavra.

Edgar Allan Poe sustentava que todo conto deve ser escrito para o último parágrafo, ou, talvez, para a última linha; essa exigência pode ser um exagero, mas é o exagero ou simplificação de um fato indubitável. Quer dizer que um prefixado desenlace deve ordenar as vicissitudes da fábula. Já que o leitor de nosso tempo é também um crítico, um homem que conhece, e prevê, os artifícios literários, o conto deverá constar de dois argumentos; um, falso, que é vagamente indicado, e outro, o autêntico, que será mantido em segredo até o fim. Os textos deste livro não são nem querem ser policiais, mas percebe-se neles o rigor, o jogo de surpresa e de expectativa, que o gênero policial projetou sobre o romance e o conto.

O tema da identidade pessoal, ou, melhor dizendo, as possibilidades literárias do tema da identidade pessoal, inspirou os mais belos contos deste volume. Em dois deles (que não mencionarei com mais precisão para não estragar o prazer do leitor), o eu narrativo corresponde a um personagem histórico; em outro, acreditamos estar diante de um sujeito meramente trivial, mas comprovamos depois que essa trivialidade não exclui a violência e a culpa, como tantas vezes ocorre no comércio real dos homens. Nos três exemplos que mencionei o sucesso é pleno; isso é obra de um duplo e delicado trabalho de insinuação parcial e de ocultação, feito de tal maneira que ninguém poderá suspeitar da identidade secreta daquele que fala a não ser quando já estiver muito próximo do fim. Aí vem a revelação, não menos assombrosa que necessária, e para a qual tendeu, como requer a estética de Poe, toda a narrativa. O fato psicológico de que o leitor costuma identificar-se com o protagonista, principalmente quando no texto emprega-se a primeira pessoa, dá à revelação um caráter um pouco mágico; é como se, bruscamente, revelassem-nos, e como se por um instante acreditássemos, que somos tal ou qual personagem famoso. Em algumas das narrativas o argumento parecia requerer uma linguagem arcaica; esse arcaísmo, que teria contaminado a história de pedantismo e frieza, felizmente foi evitado.

Faz anos que María Esther Vázquez me honra, alegra-me e de algum modo me rejuvenesce com sua clara amizade; durante esses anos foi-me dado comprovar sua vasta e viva curiosidade literária, que abarca as mais diversas regiões da geografia e as mais díspares épocas da história, sem incorrer na supersticiosa veneração de todo o antigo ou de todo o contemporâneo. A suas intrínsecas virtudes este livro acrescenta a de prefigurar um livro de versos, cujo manuscrito tive o privilégio de ler e reler e que inclui certos sonetos que, para repetir a frase de Milton, as gerações futuras não vão resignar-se a esquecer. Ninguém ignora que a literatura começa pela poesia: o verso é anterior à prosa e é natural que esta tenda, talvez sem saber e sem se propor isso, a voltar a sua fonte. Dos contos que integram *Los nombres de la muerte* não há um sequer que não tenha algo, ou muito, de poético; não foram escritos para ilustrar tal ou qual tese literária ou para promover um debate, e sim por uma necessidade do espírito e para deleite do leitor. Ambos os fins foram alcançados com plenitude.

Catorze são os contos do livro *Los nombres de la muerte*; cada um deles corresponde a um protagonista que em nada se parece com os outros e que, no entanto, é real, dentro do tempo que a leitura cria.

À literatura atual agradam as facilidades do caos e da improvisação fortuita; deste livro hábil e sensível podemos afirmar que é clássico, sem prejuízo da paixão, da imaginação e dessa aparência de eternidade que devem ter todas as criaturas da arte.

María Esther Vázquez sentiu profundamente o enigma central da morte, e cada um de seus contos ilustra alguma das inesgotáveis formas dessa espreita cotidiana.

MARÍA ESTHER VÁZQUEZ, *Los nombres de la muerte*. Prólogo de J. L. B. Buenos Aires: Emecé Editores, 1964.

walt whitman
folhas da relva

Aqueles que passam do deslumbramento e da vertigem de *Folhas da relva* à laboriosa leitura de qualquer uma das piedosas biografias do escritor sentem-se sempre frustrados. Nas acinzentadas e medíocres páginas que mencionei, procuram o vagamundo semidivino que lhes revelaram os versos e assombra-os não encontrá-lo. Essa, pelo menos, foi minha experiência pessoal e a de todos os meus amigos. Um dos propósitos deste prólogo é explicar, ou tentar uma explicação dessa desconcertante discórdia.

Dois livros memoráveis apareceram em Nova York no ano de 1855, ambos de índole experimental, ambos muito diferentes. O primeiro, imediatamente famoso e agora relegado às antologias escolares ou à curiosidade dos eruditos e das crianças, foi o *Hiawatha*, de Longfellow. Este quis doar aos peles-vermelhas que haviam habitado a Nova Inglaterra uma epopeia profética e mitológica em língua inglesa. Em busca de um metro que não lembrasse os habituais e que pudesse parecer aborígine, recorreu ao *Kalevala* finlandês, forjado — ou reconstruído — por Elias Lönrot. O outro livro, então ignorado e agora imortal, foi *Folhas da relva*.

Escrevi que os dois eram diferentes. Isso é inegável. *Hiawatha* é a obra meditada de um bom poeta que explorou as bibliotecas e a quem não faltam imaginação e ouvido; *Folhas da relva*, a inaudita revelação de um homem de gênio. As diferenças são tão notórias que resulta inacreditável que ambos os volumes tenham sido contemporâneos. Une-os, no entanto, um fato: os dois são epopeias americanas.

A América era, então, o símbolo famoso de um ideal, agora um tanto gasto pelo abuso das urnas eleitorais e pelos eloquentes excessos da retórica, embora milhões de homens lhe tenham dado, e continuem dando, seu sangue. O orbe inteiro tinha os olhos postos na América e em sua "atlética democracia". Entre os testemunhos inumeráveis, baste-me agora lembrar ao leitor um dos epigramas de Goethe (*"Amerika, du hast es besser..."*).* Sob o influxo de Emerson, que de algum modo sempre foi seu mestre, Whitman impôs-se a escritura de uma epopeia desse acontecimento histórico novo: a democracia americana. Não esqueçamos que a primeira das revoluções de nosso tempo, a que inspirou a Revolução Francesa e as nossas, foi a da América, e que a democracia foi sua doutrina.

Como cantar de modo condigno essa nova fé dos homens! Havia uma resposta evidente; a que quase qualquer outro escritor, tentado pelas facilidades da retórica ou pela mera inércia, teria escolhido. Urdir laboriosamente uma ode ou, talvez, uma alegoria, não desprovida de interjeições vocativas e de letras maiúsculas. Whitman, felizmente, recusou-a.

---

* "América, para você tudo é fácil."

Pensou que a democracia era um fato novo e que sua exaltação requeria um procedimento não menos novo.

Falei de epopeia. Em cada um dos modelos ilustres que o jovem Whitman conhecia, e que chamou de feudais, há um personagem central — Aquiles, Ulisses, Eneias, Roland, El Cid, Siegfried, Cristo — cuja estatura é superior à dos outros, que estão subordinados a ele. Essa primazia, disse Whitman a si mesmo, corresponde a um mundo abolido ou que desejamos abolir, o da aristocracia. Minha epopeia não pode ser assim; tem de ser plural, tem de declarar ou pressupor a incomparável e absoluta igualdade de todos os homens. Semelhante necessidade parece levar fatalmente ao mero amontoado da acumulação e do caos; Whitman, que era um homem de gênio, evitou prodigiosamente esse risco. Executou com felicidade o experimento mais audaz e mais vasto que a história da literatura registra.

Falar de experimentos literários é falar de exercícios que fracassaram de modo mais ou menos brilhante, como as *Soledades* de Góngora ou a obra de Joyce. O experimento de Whitman deu tão certo que tendemos a esquecer que foi um experimento.

Em um dos versos de seu livro, Whitman lembra telas medievais com muitos personagens, alguns aureolados e preeminentes, e declara que se propõe pintar uma tela infinita, povoada de infinitos personagens, cada um com sua auréola. Como executar semelhante façanha? Whitman, inacreditavelmente, executou-a.

Necessitava, como Byron, de um herói, mas o seu, símbolo da múltipla democracia, tinha forçosamente de ser incontável e ubíquo, como o disperso Deus de Spinoza. Elaborou uma estranha criatura que ainda não conseguimos entender e deu-lhe o nome de Walt Whitman. Essa criatura é de natureza biforme; é o modesto jornalista Walter Whitman, oriundo de Long Island, que algum amigo apressado saudaria nas calçadas de Manhattan, e é, também, o outro que o primeiro queria ser e não foi, um homem de aventura e de amor, indolente, corajoso, despreocupado, explorador da América. Assim, em uma página da obra, Whitman nasce em Long Island; em outras, no Sul. Assim, em uma das passagens mais autênticas do "Canto a mim mesmo", relata um episódio heroico da guerra do México e diz que o ouviu ser contado no Texas, onde nunca esteve. Assim, declara ter sido testemunha da execução do abolicionista John Brown. Os exemplos poderiam multiplicar-se assustadoramente; quase não há página em que não se confundam o Whitman de sua mera biografia e o Whitman que desejava ser e que agora é, na imaginação e no afeto das gerações humanas.

Whitman já era plural; o autor resolveu que seria infinito. Fez do herói de *Folhas da relva* uma trindade; somou-lhe um terceiro personagem, o leitor, o mutável e sucessivo leitor. Este sempre tendeu a se identificar com o protagonista da obra; ler *Macbeth* é de algum modo ser Macbeth; um livro de Hugo intitula-se *Victor Hugo narrado por uma testemunha de sua vida*; Walt Whitman, que saibamos, foi o primeiro a aproveitar até o fim, até o interminável e complexo fim, essa identificação momentânea. No início, recorreu ao diálogo; o leitor conversa com o poeta e pergunta-lhe o que ouve e o que vê ou lhe confia a tristeza que sente por não tê-lo conhecido e querido. Whitman responde a suas perguntas:

*Veo al gaucho que cruza la llanura, veo al incomparable jinete
de caballos con el lazo en la mano, veo sobre las pampas
la persecución de la hacienda brava.**

E também:

*Estos son en verdad los pensamientos de todos los hombres en todas
Las épocas y países: no son originales míos.
Si no son tan tuyos como míos, son nada o casi nada,
si no son el enigma y la solución del enigma, son nada,
si no son tan cercanos como lejanos, son nada.
Ésta es la hierba que crece donde hay tierra y hay agua,
éste es el aire común que baña el planeta.***

Inumeráveis são os que imitaram, com êxito diverso, a entonação de Whitman: Sandburg, Lee Masters, Maiakóvski, Neruda... Ninguém, salvo o autor do inextricável e certamente ilegível *Finnegans Wake*, voltou a empreender a criação de um personagem múltiplo. Whitman, insisto, é o modesto homem que existiu de 1819 a 1892, e o que queria ter sido e não conseguiu ser, e também cada um de nós e dos que virão a povoar o planeta.

---

* Vejo *o gaucho* que cruza as planícies, vejo o incomparável ginete/ de cavalos com o laço na mão, vejo sobre o pampa/ a caça ao gado bravio.
A tradução para o castelhano é de Borges. Em nossa tradução, foram mantidas as variantes das duas versões que ele fez para os mesmos versos de Whitman: "*I see the Wacho crossing the plains, I see the incomparable rider of horses with his lasso on his arm./ I see over the pampas the pursuit of wild cattle for their hides*".
** Estes são na verdade os pensamentos de todos os homens em todos/ os lugares e épocas: não são originais meus,/ se são menos teus que meus, são nada ou quase nada,/ se não são o enigma e a solução do enigma, são nada,/ se não estão perto e longe, são nada./ Esta é a relva que cresce onde há terra e água,/ este é o ar comum que banha o planeta.

Minha conjetura de um triplo Whitman, herói de sua epopeia, não propõe insensatamente anular, ou de algum modo diminuir, o caráter prodigioso de suas páginas. Propõe, antes, sua exaltação. Tramar um personagem duplo e triplo e, com o tempo, infinito poderia ter sido a ambição de um homem de letras meramente engenhoso; levar a bom termo esse propósito é a proeza não igualada de Whitman. Em uma polêmica de café sobre a genealogia da arte, sobre as diversas influências da educação, da raça e do meio ambiente, o pintor Whistler limitou-se a dizer: "*Art happens*" [A arte acontece], o que equivale a admitir que o fato estético é, por essência, inexplicável. Assim o entenderam os hebreus, que falavam do Espírito; assim os gregos, que invocavam a musa.

Quanto a minha tradução... Paul Valéry deixou escrito que ninguém conhece tão a fundo suas deficiências quanto o criador de uma obra; apesar da superstição comercial de que o tradutor mais recente sempre deixou bem para trás seus ineptos predecessores, não me atreverei a declarar que minha tradução supere as outras. Além do mais, não descuidei delas; consultei com proveito a de Francisco Alexander (Quito, 1956), que continua me parecendo a melhor, embora costume incorrer em excessos de literalidade, que podemos atribuir à reverência ou talvez a um abuso do dicionário inglês-espanhol.

O idioma de Whitman é um idioma contemporâneo; centenas de anos vão se passar antes que seja uma língua morta. Então poderemos traduzi-lo e recriá-lo com plena liberdade, como Jáuregui fez com a *Farsalia*, ou Chapman, Pope e Lawrence, com a *Odisseia*. Enquanto isso, não entrevejo outra possibilidade que a de uma versão como a minha, que oscila entre a interpretação pessoal e o rigor resignado.

Um fato me conforta. Lembro-me de ter assistido há muitos anos a uma representação de Macbeth; a tradução não era menos inconsistente que os atores e o espalhafatoso cenário; mas saí para a rua desfeito de paixão trágica. Shakespeare tinha aberto seu caminho; Whitman também o fará.

WALT WHITMAN, *Hojas de hierba*. Seleção, tradução e prólogo de J. L. B. Buenos Aires: Editorial Juárez, 1969.

Esta obra foi composta em
Walbaum por warrakloureiro,
e impressa em ofsete pela
RR Donnelley sobre papel
Pólen Soft da Suzano Papel
e Celulose para a Editora Schwarcz
em abril de 2010